ハーグ国際法廷のミステリー

旧ユーゴスラヴィア多民族戦争の戦犯第一号日記

ドゥシコ・タディチ［著］
岩田昌征［訳・著］

社会評論社

ハーグ国際法廷のミステリー——旧ユーゴスラヴィア多民族戦争の戦犯第一号日記＊目次

ハーグ囚人第一号の日記

ドゥシコ・タディチ著

岩田昌征訳

日本語版への序文

本書は、一個人の人生、戦争への関係、受苦、そして社会的回復の物語である。苦しく、時に耐え難き人生行路に関する証言であり、真理に捧げられ、同じような体験をし、苦しんで来た小さな民衆と諸個人に献呈される。更にまた、これから先に同じような人生状況を生き抜くであろうと思われる他の人達にも捧げられる。同時に、私が陥ったトラウマ状態を克服すべく書かれた。

戦争のわなにとらわれ、一方的に報道され、政治的大変動から遠ざけられて、他の「小さな」民衆と同じく、私もどんな将来像をも見通せなかった。ミクロ環境は、公共財の大破壊、倫理的最高価値の軽侮、そして理性の完全な混濁に満ち満ちていた。行動を制動されていた人々は、方向性を見失っていた。

戦争が始まると憎悪に衝き動かされた武装戦士達がつくり出された。私は、そんな憎悪がそれまでどこに隠れていたのか、分からない。戦士でなかった人達は、自分自身の中に抗し難き心理的動揺をかかえていた。私達は、自分達が影響できない情勢に絶望を感じていた。

カタストロフィーが起りつづけた。それ故に死への関係を変えた。

私達が知り合えなかった、分かり合えなかったなんて、本当にそうだったろうか。三民族の対抗が嫌悪と憎悪に基づいているなんて、本当なのだろうか。ともかく、私は、対抗に加担しない、と心に決めた。

外国は、私を抱擁してくれた。その「抱擁」は、私の起訴と同時にほどけてしまった。

一年半の獄中の孤独は、自閉を生み出した。人間であると言う感情が喪失し始めた。アパシーと投げやりが最初のショックにとって替わった。しかしながら、自分の身のまわりに、私を分ってくれ、同情してくれる稀なる人々が居ることに気付かなくなるほどに、完全に投げやりになったわけではなかった。そんな少数者達との関係を抱き締めた。私の心を時に健全にしてくれた稀なる瞬間だった。私の内面的生活のこの部分は、まことに貴重で、精神的貧困の空虚を埋めてくれた。そして、私の絵画創作を豊かにしてくれたインテンシブな経験もまた現われ出た。自分自身との会話の中で、運命に負けまい、恐怖に打ち克とう、闘争しようとの決意が生れた。恐怖感から私を救ってくれた稀なる瞬間があったことで、運命に感謝した。

その後も、不確実性の年月、そして健全な理性に支えられた闘争の年月が続く。そんな理性も累積する状況が何処へ向って行くのか、つかめなかったのだが。

かかる期間中、私に力を与えてくれた二つの源泉があった。一つは、二人の娘と妻である。彼女等の支えがなかったならば、私の人生行路は、もっと辛かったであろう。家族への愛は、不運に勝り、人生の意味を与えてくれた。後になって気付いたことだが、もう一つの源泉があった。それは、スポーツの訓練の賜物、私の心理的・肉体的安定性である。

二〇一三年一〇月二九日

パンチェヴォにて　ドゥシコ・タディチ

訳者まえがき

二〇一〇年の何月か忘れたが、見ず知らずのボスニア・セルビア人から著書が送られて来た。ハーグの旧ユーゴスラヴィア国際戦犯法廷（ＩＣＴＹ）の第一番目の被告ドゥシコ・タディチ氏であった。

二〇一一年一月一四日付けの手紙をそえて、一月下旬その増補第二版をも送ってきた。私は、旧ユーゴスラヴィア多民族戦争の諸相について四冊の著書を発表して来たが、ハーグ法廷について考える余裕はなく、ましていわんや個々の被告の運命について思いをめぐらす時間的余裕は全くなかった。

ドゥシコ・タディチは、ボスニアのある田舎町コザラツ（ボシニャク人＝ムスリム人九八％、セルビア人二％）で日本の格闘技の指導者をしつつ、「ＮＩＰＯＮ」と言う喫茶バーを営んでいた平凡な一市民であった。そんな人物が戦犯ナンバー１となり、十四年間の獄中生活をすごし、釈放後一書をものし、極東の一日本人に送付して来た。二〇一一年九月、私はベオグラードから列車で四〇分弱、ドナウ河の向うのパンチェヴォ市に彼を訪ねて数時間話し合った。

「どうして私の事を知ったのか」と問うてみると、第一版をセルビア正教会関係者の助力で出版した年の秋、ベオグラードの書物見本市に出品していた時、ある中年のセルビア人女性が「この種のテーマに関心を持つ外国人は殆どいないが、日本人のＩＷＡＴＡは別だ。」と言って、私のアドレスをおしえてくれたのだと言う。私に心当りがあるとすれば、ベオグラードでよくかよう書店の女主人だったかも知れない。世界は狭くなったものだ。ドゥシコ・タディチは、無職で妻が看護師としてベオグラードで働いて生活を支えていると言う。彼なりの真実を外国人にも知ってもらいたいし、出来れば生活費の足しにしたいとの思いもあって、日本で翻訳出版されるチャンスがあるか、と問う。私はきっぱり実情を語った。日本の市民社会にとって、旧ユーゴスラヴィア戦争はもはや遠い昔語りであって、関心が薄いし、また関心が残っていても、それは善玉とされたボシニャク人＝ムスリム人「被害者」に対してであって、悪玉とされたボスニア・セルビア人「加害者」が経験した不幸や悲劇に関してでは全くない。在京のセルビア人留学生にとっても話題にされたくないテーマだ。だから、出版の可能性はまずなかろう。しかしながら、私が知っているミニ電子メディアがあるから、あなたの著書の一部を抄訳紹介する事位は出来るかも知れない。努力してみよう。そう約束した。と言う次第で、以下に『ハーグ四人第一号の日記：タディチ事件―No. IT-94-1-T』(Hrišćanska Misao, Beograd, 2010) の部分訳を何回かにわたって「ちきゅう座」で提示したい。

（サイト「ちきゅう座」に二〇一一年一二月九日から二〇一二年五月二五日にわたって二一回掲載された。）

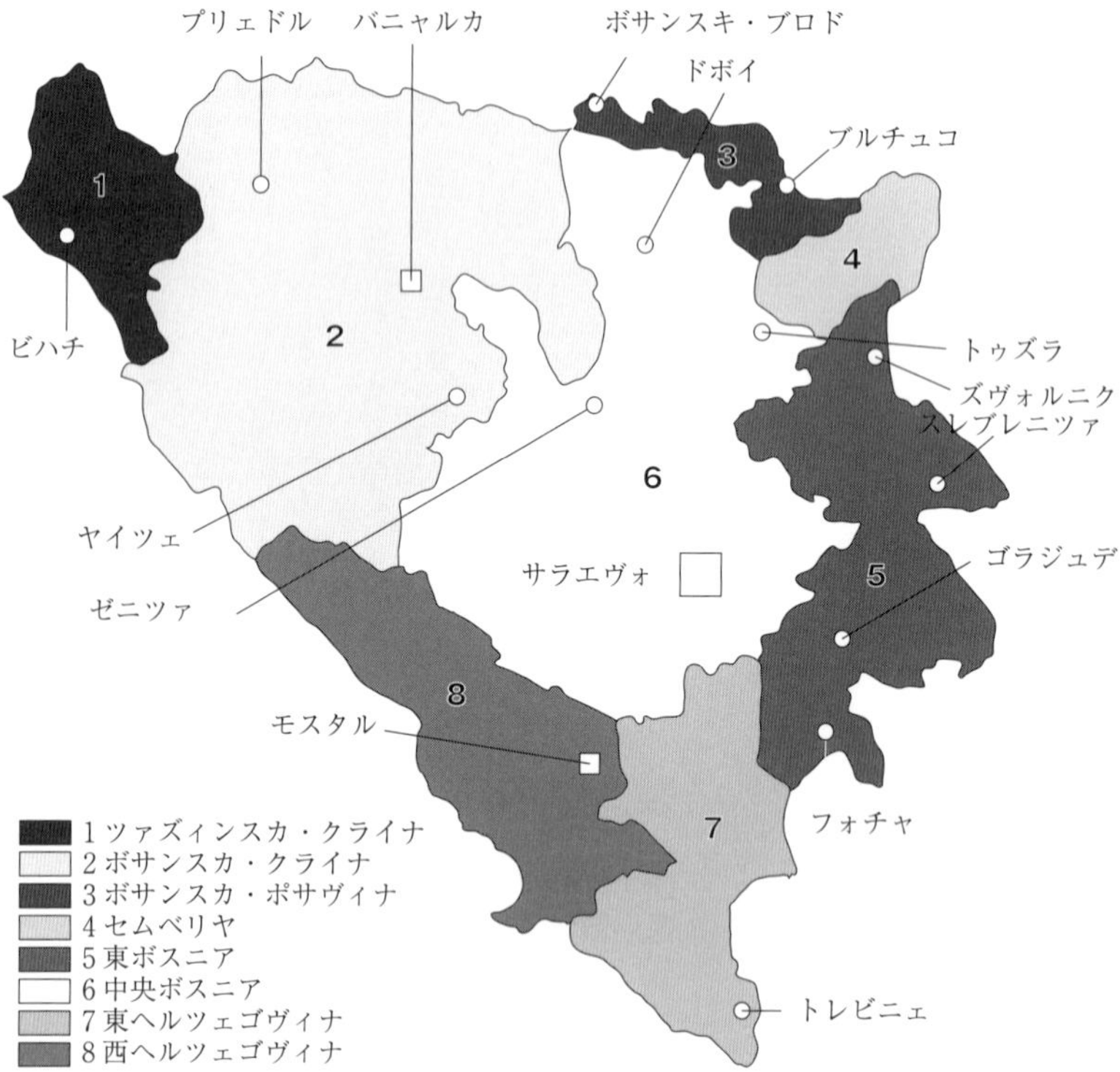

BiH の地方区分　　［4］p.197

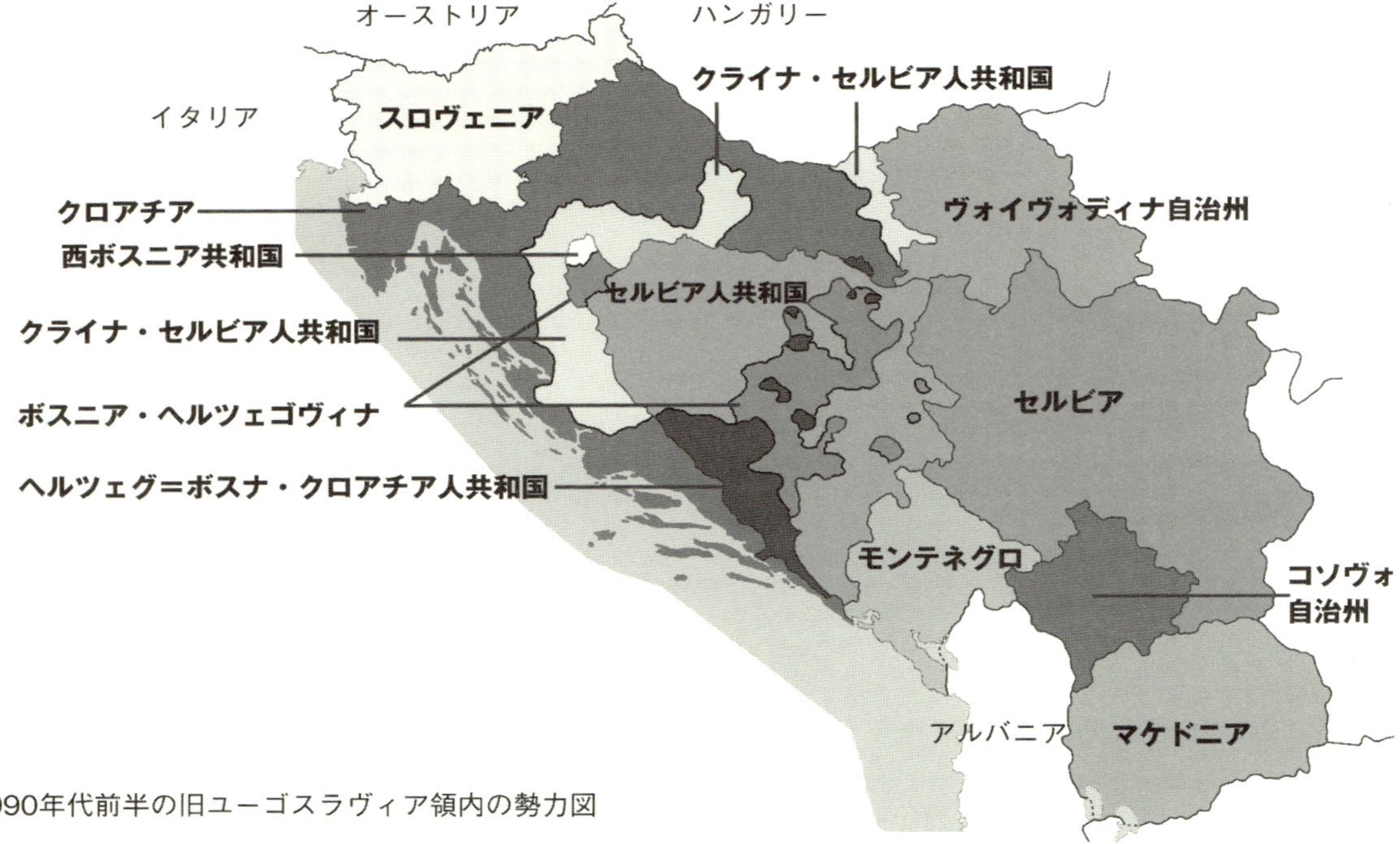

1990年代前半の旧ユーゴスラヴィア領内の勢力図

弁護士まえがき

親愛なる読者諸氏へ

本書の前書きを書く名誉を与えられて、まことに満足であります。ドゥシコ・タディチ、コザラツのセルビア人は、ハーグ法廷の囚人かつ被告の第一号であり、長年の知人で顧客、何よりも先ず、友人と言えよう。本書は、小著とは言え、著者の過去二〇年にわたる嵐のような人生、バニャルカから遠くない、プリェドル・オプシティナの町コザラツ、故郷が九〇年代の戦争の旋風に巻き込まれないようにする彼の闘争、そしてかってのボシニャク人の友人達、隣人達、そして個々のセルビア人から家族、家庭、そして自分自身を守るための闘争について記しています。戦争の恐怖から離れたと思われた時、生命のドラマが彼を待ち受けていた。旧ユーゴスラヴィア・ハーグ法廷の第一号犠牲者となり、国際共同体の慈悲・無慈悲に身をまかせられたのである。

この自伝は、現在の、また将来の世代にとって非常に貴重である。それは、歴史的、法律的、道徳的、かつ個人的次元から成る。まず、ボシニャク人（本文ではムスリム人。岩田）が大多数を占めるコザラツの町の生活を書く。著者は、宗教に関係なくすべての町民達がつどうサービス業の店を営んでいた。戦争が町民の平安な生活をかき乱し、表面上の安全をも壊し始めると、著者は、家族と共にセルビアへ、やがてドイツへ移り住む。本書の最初の部分では、当時の戦時的な雰囲気が描かれている。戦時利得稼ぎ、復讐欲、昨日までの友人達の憎悪。

避難した先のドイツで、一九九四年初、彼の生命のドラマが始まる。逮捕され、囚人第一号としてハーグ法廷へ送付される。最重大な犯罪行為の故に起訴され、判決を受ける。ドイツとオランダの牢獄で一四年間以上自分の生命と正義のために闘争せざるを得なくされた。アプリオリに決めつけられた罪に抗して如何に防衛すべきなのか。法廷の正式名称、「旧ユーゴスラヴィア領土における国際人道法の重大侵犯に有責なる諸人物の刑法的訴追のための国際裁判所」が示すように、タディチ事件においても、推定無罪の前提は、事実上不在であった。殆どすべてがあらかじめ分かっていた。手続きは形式にすぎない。有罪判決を下す事がルールであり、論破し難き諸証拠で判決を基礎付ける事は極端に例外的であった。

法律的観点から、タディチ裁判は、格別に意義深い。一九九九年の第二審判決において始めて、joint criminal enterprise（共同犯罪企画事業）なる構成が利用されたからである。それは、それ以前全く利用されなかったし、それ以後起訴立件の根拠として七〇パーセント強の諸ケースで使われるようになる（殆どセルビア人に適用される）。ドゥシコ・タディチは、決して証拠付けられることのなかった諸犯罪の故に二〇年の刑を宣告された。

一九九四年二月ミュンヘンで逮捕され、二〇〇八年七月に釈放されるまで、本書の著者は、法廷に抗して闘争せねばならなかった。ボスニア・ヘルツゴヴィナの、新ユーゴスラヴィアの、そしてセルビアの当時のセルビア人指導部の不作為、すなわち決定力ある諸政治ファクターの妨害行為、また当時のレジームの防護につとめ、平の市民と個人、つまり被告の防衛につとめない個々の弁護士達の妨害行為は、すでに万人周知の事実である。このような状況においては、人は、先ず自分自身との闘争に勝たなければならない。著者は、それを実行する。妻と子供達への愛の中に内面の力を見い出しつつ、絵を描き、書物を読み、空手の練習で肉体的力を保持し、同囚の者達が獄中の孤独を克服できるように助力する。

ドイツの諸獄舎とシェヴェニンゲン獄舎における自分の生活を記して、ほんとに小さな事が時に大きな意味を持つ事を教えてくれる。一つの足音が実存的意味を持つ。まだ誰かが近くにおり、世界に自分一人ではないと言う事の証拠としてである。

本書には、裁判に関わる、あるいは獄中の罰則に関わる基本的人権侵害の諸実例が豊富にある。ハーグ法廷の法的手続きに関して、その行動一般に関して、そしてハーグ法廷の法的無根拠性に関して、すでに我国の公論で十分語られている。ここでは、それにこだわるまい。

私は、喜んで本書を万人に推奨する。著者は、自分の裁判そして、ドイツとハーグの獄中におけ

弁護士ボジョヴィチと著者タデッチ　ベオグラード　2008年

る自分の生活を語りつつ、大部分がセルビア人である他のハーグ被告達についても亦語っている。犯罪を犯した者は誰でも責任をとらねばならないのは、当然である。それは、人種、信仰、国籍等々に左右されない。しかしながら、「コザラッのアイヒマン」の場合のように、有罪が恣意的に決められてはならない。ハーグ法廷の実践はそうなっていた。

ドゥシコ・ダディチは、ハーグの囚人第一号であり、有罪者第一号である。彼の裁判で行われた「実験」が法廷の行動範型となった。セルビアとセルビア人共和国の諸メディアは、最初の頃、ダディチ裁判に大きな意味を認めなかった。セルビアからの必要な援助は、欠落していたし、若干のサークル内では裏切り者とさえ見なされていた。かかるアプローチは、まもなく致命的であることが分かった。

若干の政治家達は、ハーグでは個人が裁かれるのであって、国家ではない、と競って語っていたにもかかわらず、ダディチ裁判で利用された構成が後になって、セルビアの政軍エスタブリッシュメントの多数を裁く上で役立てられた。こうして間接的にセルビア人民全体を裁くことになる。その故に、この偉大な闘士、すなわち、それら諸行為がなされた時に彼がいなかった現場で、彼が行なったとされる諸行為の故に一四年超を牢獄で過した人物の告白は、異例の意義を有する。最後に、ドゥシコの書から一文を引いておこう。「君に似ている人々は数少ないが、自分のまわりの『そんな人々』に多くを頼るな。私達のような人々は数少ないが、他の『そんな人々』から救援を期待するな！」

弁護士ヴラディミル・ボジョヴィチ
ベオグラード、二〇一〇年五月二四日

1．ハーグ法廷の誕生

ハーグ法廷にて　兄リュボミルと著者タディチ

私は、「民族浄化」の故に裁かれた世界裁判史上最初の人物となった。ハーグ法廷は、ポトコザリェ（コザラ山周辺地方。岩田）において人種的、政治的、そして宗教的理由で非セルビア人を迫害したかどで、一九九七年五月七日に私を有罪であると宣告した。私を「黒いベンチ」に引き出して厳刑を課す事は、第二次大戦後最悪の戦争犯罪に責任ある人々を裁く為に設立されたハーグ法廷の「法的誕生」を意味したのである。私を、あるいは他の誰かを、最も重い罪、平和に対する罪で起訴せず裁きもしなかった事は、まさに奇跡であった。私の判決文は、三四三ページあった。人道に対する犯罪―オマルスカ、ケラテルム、（原著九頁、以下同様）そしてトルノポリェにおける諸収容所の被収容市民達を殴打し、殺害し、コザラッツでムスリム人を虐殺した犯罪の故に、有罪判決を下した。

　これらの犯罪は、法廷の判断によれば、「大セルビア創設を目的として、市民に対する広範囲かつ組織的な攻撃の一部として戦争状態下に遂行された。」私の裁判は、全世界に喧伝された。西側の諸メディアは、「コザラッツのアイヒマン」の悪業の暴露を競い合った。私の写真が新聞紙面やテレビ画面から消えることはなかった。私に判決が下ったと言うニュースは、ＣＮＮにとってその年のニュースであった。一〇分毎に放映された。一九九四年二月一二日にドイツで逮捕されてから二〇〇八年七月一八日に釈放されるまで、一四年四ヶ月と三日の期間獄中にあった。今日、私は、妻と二人の娘と一緒にセルビアに住んでいる。私の両の手に他人の血はついていない。誰も殺していない、誰も暴行していない、誰の首もつっていない。怪物だけが実行できたような犯罪の故に告発され、裁かれたのだ。強力な西側のプロパガンダによって恥辱の柱に打ち付けられた。「アラビアのローレンツ」にならって「セルビアの屠殺者」と名付けられた。長い間、私は一人ぽっちに放って置かれた。自分の国から適切な支援もなくて、ハーグの不正義の恐ろしいひき臼に抵抗する事が出来なかった。私がハーグ法廷のモルモットであった事は、ゴールドストーン検事の次のような発言で確認された。「ハーグ検察局の意図は、タディチのケースを通して、民族浄化に彼自身が参加した事だけでなく、彼と共に参加した人達、可能ならば、その命令者達にたどり着く事である。」（原著一〇頁、以下同様）

２．虚偽の証言者達

私の足がオマルスカ収容所に向かったことは決してない。ケラテレム収容所にいたこともない。コザラッ攻撃のとき、バニャルカにいた。

検察官は、虚偽の証人達を用いて、私がそこにいたことだけでなく、被収容者たちの殺害、迫害、そして凌辱を指揮したことをも立証しようとした。「彼はセルビア人の子供を産ませるために、若いムスリム人女性を強姦するように看守たちに命令した。」検察官の主張によれば、私の指揮下で、被収容者たちが自分等の性器の一部をお互いに噛み切り合わねばならなかったという。

セルビア人とムスリム人の間の衝突を相互の了解で解決することに私には多くの個人的理由があった。私は、コザラッ生まれだ。家族とともにここで暮らしてきた。戦争の二年前、喫茶店「NIPON」を開業した。コザラッにはムスリム人の接客サービス業店舗が三七軒あったが、これ一軒だけがセルビア人の店だった。私の運命がこの場所に結び付けられていた。私たちの家族にムスリム人への憎悪感情は全くなかった。私の父は、ユーゴスラヴィア人民軍の将校で、友愛と団結の精神で子供たちは育てられた。私は、ここの空手クラブを十年間指導してきた。黒帯四段の指導者資格を持っていた。約三千人の少年少女に、主にムスリム人であったが、格闘技を教えてきた。多くの試合や合宿に彼らを連れて行った。私の指導の下で三十人が空手指導者の資格を獲得した。私は、彼ら若者にとってスポーツ面の憧れではあっても、決して彼らの殺人者ではなかった。

戦争直前と戦争の最中、私が自分の民族の側に全霊を持って立っていたことは、論ずるまでもない。SDS（セルビア民主党）のプリェドル地区指導部メンバー、プリェドル議会議員、コザラッ居住共同体（「地域共同体」と訳されることが多い。「地域」は広狭を区別しない。ここでは狭なので、「居住共同体」と訳す。岩田）議長、そして警察官であった。私はセルビア人たちが自分たちの組織づくりをし、自分たちの民族的かつ市民的権利を守るのを手助けした。しかしながら、戦時の混乱を利用して個人的至富に励む一部セルビア人たちを黙認することができなかった。プリェドル議会議員として、諸個人の犯罪的所業、（一一頁）そして社会有財産と私有財産の盗奪を公然と指摘した。すると、彼らは、私に黙っているように言ってきた。彼らの言うことを受け付けなかった。かくして仕返しが始まった。プリェドルの危機管理本部（「非常事態政権」と訳されることもある。岩田）の若干名、とりわけ警察幹部のドゥシャン・ヤンコヴィチとシモ・ドルリャチャの二人が報復をしかけたのだ。彼らは、私を二回前線へ送った。ポサヴィナ回廊へ送り出された。私の部隊の任務は、セルビア人共和国（「スルプスカ共和国」と訳されることもある。岩田）とセルビア共和国を結ぶ唯一の回廊を防衛することだった。塹壕にこもっていた。二、三週に一回交代であった。二回ばかり夜間に銃撃戦があった以外、戦闘はなかった。その期間中、彼らは、私の不在を利用して、母、妻、そして子どもたちをプリェドルの住宅から追い出した。コザラツの自宅が損傷を受けたので、私達は、そこに移り住んでいたのだった。他に行く所のあてがなかったので、母をバニャルカに連れて行き、妻と二人の幼い子供たちをまずベオグラードに送り、ついでドイツへ送った。

3．裏切りの攻撃

その後、私の人生をぶち壊す事件が起った。オプシティナ（基本的行政区、但し「居住共同体」より上位。岩田）の少数有力者たちが私を消す準備をしていることを掴んだ。ドゥシャン・ヤンコヴィチが私を殺す命令をある警部に下した。彼は、後になって、被保護証人ＣＴとなる。拒絶されたので、その任務は、クラドゥシカ出身のある予備役にまかされた。ラパと呼ばれていた。ラパは、コザラッツのガソリン・スタンドで私を消そうとした。私に銃を向け、「てめえの生命はもらったぞ！」と叫んだ。左手で銃身を払いのけたので、弾丸は外れた。

ラパは、逮捕されたが、すぐに釈放された。後日、彼が認めたところによれば、「ドゥシコ・タディチを殺害して、最高の名誉を持ってコザラッツで葬儀を営む。そしてこの殺人がムスリム人の仕業であると発表される。これが計画だった。その目的は、死んだタディチがムスリム人たちに対する脅しとなって、彼らが復讐のためにコザラッツに戻って来れないようにすることであった。」

数日後、私もまた牢屋に押し込まれた。そして再び戦場に向かうように命じられた。私を連行した憲兵から、私に仕掛けられた罠であることを悟った。前線に向かう代わりに、同日プリェドルに戻って、諸個人文書をとってバニャルカへ行き、そこからベオグラードに旅立った。数ヵ月後、ミュンヘンの兄のところへ身を寄せていた。そこには妻と娘たちが私を待っていた。ドイツへはユーゴスラヴィア空手代表団の団員等と共に旅したことがあった。ミュンヘン滞在の数ヵ月後、ドイツ警察が私を逮捕した。やがて、彼らは、私の身柄をハーグ法廷に引き渡すことになる。

牢格子の内側にあったとき、私は日記をつけていた。日記の中から最も興味深い部分をここに公表する。ただし、今日まで世の中に知られていない記録文書や証人達のオリジナル証言でもって補足しつつ。

4. 戦争へ

一九九二年四月末、プリェドルのオプシティナ庁舎の大ホールでセルビア人とムスリム人の間で、最後の和平会議が行われた。誰がそうしたのか当時は知らなかったが、私と私の隣人がボシコ・ドラギチェヴィチが、コザラッツ交渉チームに入れられていた。意外なことだった。

戦争中にコザラッツで押収されたムスリム人危機管理本部の文書から、ムスリム人過激派がコザラッツで支配的となって、コザラッツ住民を反セルビア人戦争に急速に引き込んで行ったことが明瞭となった。

一九九二年三月四日コザラッツ危機管理本部の会議議事録。五人の発言が記録されており、コザラッツのムスリム人側のセルビア人側の攻撃にそなえた戦争準備状況がよくわかる。

一九九二年五月五日議事録。危機管理本部のメンバーを拡大すること、戦争になった場合に軍事本部（権力）に転換すること、コザラッツMZ（居住共同体）交渉チームにはSDA（民主行動党、ムスリム人党）一党だけでなく、セルビア人のドゥシコ・ダディチを正式メンバーにすることが決定されている。

5. 和平ミッション

ある日、突然、私の先生だった隣人のAが喫茶店「NIPON」にやって来た。ユーゴスラヴィア志向でセルビア人に対して常に寛容で友好的な人物であると見なされていた。私達のオプシティナのセルビア人との平和を今もなお望んでいるムスリム人がコザラツ町民の間に多くいると長い時間かけて私に説いた。明々白々なことであるが、Aは、全力で平和を求めており、衝突する両民族間に存在する問題を妥協で解決できると信じていた。状況は重大であった。コザラツとプリェドルの政治権力間に長い間正常なコミュニケーションが不在であった。現場の情勢が益々尖鋭化しているにもかかわらず、セルビア人は、ムスリム人ＳＤＡ（民主行動党）との一切の会話を拒絶していた。

私がプリェドルのセルビア民主党（ＳＤＳ）の初発からの党員であって、全権を掌握していた当時の党議長と特別に良好な関係にあった事は、万人に周知であった。Aは、ＭＺ（居住共同体）コザラツ代表団とプリェドルのセルビア人権力との会談をもう一度開けるように努力してくれと頼み込んだ。話し合いの末に、会談の手配を承諾した。但し、以前の失敗した交渉に参加していたＳＤＡ党員達が今度の代表団に参加しないと言う条件をつけて。Aは、この条件に即座に賛成した。私は、同夜、ＳＤＳ議長のシマ・ミシコヴィチを電話で呼び出した。私達は、コザラツの私の家で会った。ミシコヴィチの確信する所では、コザラツの政治的親分衆はサライェヴォの中央本部からの指示だけに従うので、新しい交渉も新しい結果をもたらさないだろうと言う。新代表団にはムスリム人ＳＤＡの党員達は出てこず（一九頁）、私達の町の普通の無党派住民だけが出席するのだからと根気よく説得したので、ミシコヴィチは、オプシティナ幹部達との会合を設定する事に同意してくれた。

二日後、プリェドルにただちに来るように呼び出された。当時の議長ミロミル・スタキチと彼の協力者達と私とは、MZコザラツの代表者達との新しい平和会談の正確な日時に関する具体的合意に達した。戦争が勃発する一〇日前にプリェドルのオプシティナ庁舎で両代表団の会談がもたれた。私とドラギチェヴィチは、不愉快な驚きに見まわれた。私達の町の代表団の中に好戦的なムスリム人SDA党員の過激派の姿が数人あった。SDA党員でセルビア人との全交渉に以前参加していたメミチ・イリヤズもいた。彼等は、両者間の一層大なる尖鋭化を決定的にもたらしてしまった。ムスリム人政党議長メドゥニャニンが平和的解決発見のあらゆる努力を無に帰する目的で、意図的にメミチを送り込んだのであった。セルビア人権力の幹部達との会合で、その日、メミチは、執行院議長ミラン・コヴァチェヴィチ博士と警察署長シモ・ドルリャチャとの舌戦に再び突入した。

この衝突は、この地域へ戦争が波及する事を平和的に阻止しようとする私たちの努力すべての終焉であり、かつまた、人為的に創造された「友愛と団結」のスローガンの下で私達が生きてきた長期的誤謬の終焉でもあった。数日後、メミチは、私達の町から家族と一緒に逃げ出して、更にボスニアをも見捨てて、最初の飛行機でバニャルカからウィーンへ飛び立って行った。そこで、安全な遠距離から事態の進展を見守り、戦争の終結を待っていた。コザラツ危機管理本部の他のメンバーの多くは、一九九二年夏コザラツにおける流血衝突の最中に倒れた。そんな人達の中にはムスリム人SDAの戦闘的議長ベチル・メドゥニャニンもあった。

生き延びた平和交渉参加者達は、後になって、新設された法廷の代替しがたき証人となった。私、ミラン・コヴァチェヴィチ、ミロミル・スタキチ、タリチ、そして他のセルビア人等が座っていたハーグ法廷の被告席の前を虚偽の証人達の華麗な一団がパレードした。かつての平和交渉の出席者達、私の隣人達、そして私の先生。A、B、C、D、その他は、私と他のセルビア人達に対する起訴状に有利になるように嘘をつくよう巧妙に指示されていた。（二一〇頁）

（訳者コメント）

この文章には紛争当事者達が実名で描かれている。とりわけセルビア人の著者と最初は協力関係にあったらしいが、最終的に彼の有罪証人となったコザラッのムスリム人町民達が実名で登場していた。しかしながら私の紹介訳文ではA、B、C、Dとしてある。ボスニア戦争の当事者ではない私達が「証拠付けられることのなかったまま」（弁護士まえがき、六頁）戦犯とされた著者の無念や紛争の具体的な実情を知る上で、必ずしもすべての実名が必要であるわけではない。

ジョン・ヘーガン著『戦争犯罪を裁く（上）：ハーグ国際戦犯法廷の挑戦』（NHK出版）の人名解説にドゥシコ・タディチについて「ゴールドストーンが首席検事を務めた時期に、ICTYで最初の被告人となる。証拠をめぐる問題があったにもかかわらず、人道に対する罪で有罪判決を下された」（XXⅥ頁、傍点は岩田）とある。本書『ハーグ囚人第一号の日記』序言で弁護士ヴラディミル・ボジョヴィチが書くように、「推定無罪の前提は、事実上不在であった。殆どすべてがあらかじめわかっていた！。手続きは形式にすぎない。有罪判決を下す事がルールであり、論破しがたき諸証拠で判決を基礎付ける事は、極端に例外的であった。」（六頁）かくして、彼の実名と映像は、欧米市民社会のマスメディアで全世界にばらまかれた。

ドゥシコ・タディチの主張に沿って、日本の小電子メディアに――欧米マスメディアに比して、億兆分の一にすぎないとは言え――ムスリム人町民を偽証者として実名であげることは、欧米の文明的市民社会のオリジナルな知的高慢をミニ規模で模倣することになろう。日本的常民社会の住民である私は、義理と人情のエッセンスの命ずる所により、ここでは実名にかわって、記号A，B，C，Dを用いた。ボシニャク人（＝ムスリム人）の偽証罪についても、推定無罪で行くのが自然であろう。

6．矢は放たれた

民族主義的挑発が益々ひんぱん、かつ深刻となった。それは、あらゆる所で見られ、短い間コザラツの若者達のたまり場となっていた私の喫茶店「ＮＩＰＯＮ」でも見られた。立派な内装とビデオ・カセットから流されるモダンなポップ音楽が若者を引き付けていた。ムスリム人が最も多かった。不思議ではない。コザラツの人口一万人のうち九八％がムスリム人だった。商売のため、家族教育のため、またスポーツ面における私の威信のため、私は、店内では若者達が楽しく遊ぶように、政治的・宗教的議論は別の時間に別の場所でやるように見守っていた。

一九九〇年八月五日まではそんな状態が続いていた。（二二頁）その日、最初の脅迫状を受けとった。「コザラツ青年ムスリム人」組織の署名があった。次のように書かれていた。「ドゥシャン・タディチよ、自分と家族に良かれと望むならば、三ヵ月以内に家を売って、コザラツから出て行け。コザラツは『ヴラフ』（セルビア人の侮称。岩田）から浄化されねばならぬ。私達が貴方達を殺さない方が良い。これは、特に、チェトニクの民族主義者たるお前にかかわることだ。出て行かないならば、家を焼き、お前と子供達を殺すだろう。生き延びるチャンスはない。お前から『ジ

カフェバー「NIPON」 コザラツ

ハード』（聖戦）が始まる。私達は待っていた。これ以上もはや待てない。……。コザラツは、純粋にムスリム人の町であらねばならない。ジハード、断食、メッカへの巡礼、洗浄規律は、信仰者の義務である。しかし最も重要な事は、不信仰者『ヴラフ』の根絶である。」

「コザラツ青年ムスリム人」の脅迫を真剣に受け止めた。矢は放たれ、的に向かって飛んだ。彼らが意図を実行しようとしたら、私はどうしたらよいのか、と思案した。私の家は、コザラツの中心にあった。まわりの隣人達は、全部ムスリム人だった。襲撃されたら、生命を守ることも家族を安全に避難させることも難しい。まことに悪夢であった。時をおかず、脅迫状の現実的効果を感じ取った。昨日までの常連客が「ＮＩＰＯＮ」を避け始めた。私、私の家族、そして私の店が「アリアの党」（アリア・イゼトベゴヴィチ設立のＳＤＡ民主行動党。岩田）の集会でしばしばテーマとなっている事を友人達から聞き知った。私達をコザラツ心臓部にあるセルビア人要塞であると見なしていた。あらゆるコストを払っても、除去しなければならない。続く日々、店の売り上げが大きく低下していたので、従業員をドラスティックに縮小した。少人数の客なので、私一人で応対できた。

一九九二年冬のある夕辺起こった出来事は、不吉の兆しであった。その夕刻、十人の客達が来ていて、大きなガラス窓近くのテーブルに座って、コザラッで最も人通りの多い通りをながめていた。「民族的に多様な」人々で上機嫌であった。ムスリム人の隣人バリチとセルビア人の女性アナがビデオ・テープの音楽に合わせて踊り出した。二人のダンスはただただ素敵であった。夜がふけた頃、見知らぬ男が店に闖入して来た。かなり飲んでいた。そして、私に向かって横柄に言った、(二二頁)「お前はムスリム人にアルコールを出さない人物だそうだ。それをたしかめるためにやつて来た。さあ、コニャックをくれ。」

私は、コニャックを一杯差し出して、言った。「あんたを送り込んだ人達が本当のことを語っていなかったことがお分りだろう。まわりを見なさい。ご覧の通り、今晩ここにはセルビア人よりムスリム人の方が多い。」 異例の客はコニャックを一気に呑みほして、よろよろし、コップを床におとした。私をにらみつけながら、言った。「もう一杯。」

私は話を打ち切った。「もう沢山だ!」私の御客達の気分をこわしたくなかった。バー用の高椅子上でふらつきながら、酔漢は言った。「よかろう。だが金は払わないぞ。喫茶店『ツルヴェナ・ルージャ』(『赤いバラ』、ムスリム人経営の店。岩田)の連中が払うさ。連中がおれをここへ差し向けたんだ。」

彼は出て行った。数秒後、喫茶店の大きなガラス窓が強くたたかれて、割られた。……。私は、外へ飛び出して、乱暴した人物を追った。追いついてみると、一寸前に店で私を挑発したあの人物であった。つかまえて、店の中へ連れ込んだ。多くの傷を負っていた。私達のまわりに血のついたガラス片が散らばっていた。隣人のバリチに彼の傷の手当てするように頼んだ。出血多量で店の中で死ぬのではないかと心配だった。私自身にも手当てが必要だった。同夜、挑発者はプリェドルの病院へ搬送され、必要な医療が施された。（二三頁）病院から出てくるや否や、彼は、次のような嘘をまき散らした。「タディチは、何人かのチェトニク達の助けを借りて、力づくで私を店の中へ引きずり込み、私の両腕や身体にナイフでセルピア正教の十字架その他の印を刻み込んだ。」

7．危険な噂

彼の語りは、ポトコザリェをおばけのように徘徊し出した。口から口へ、人から人へと伝わって、とうとう完全な真実であると受け容れられてしまった。噂を否定しようとしたが、無駄だった。事件の目撃者だった客達に呼びかけたが、無駄だった。矢は放たれて、的に向かって走ってしまった。「コザラッ青年ムスリム人」組織は、「ＮＩＰＯＮ」に足を踏み入れる者すべてに報復すると脅かした。私は、完全に孤立していた。いやでもおうでも私をコザラッから追放する必要があった。ムスリム人によるこの地域の民族浄化プロジェクトであった。

私は、ＢｉＨ（ボスニア・ヘルツェゴヴィナ）のセルビア人民がセルビアとの共通国家に留まる事

コザラツの正教会

戦後の正教会　岩田撮影

戦後の新正教会　岩田撮影

を表明した住民投票の組織者の一人が私であった事を決してかくしていなかった。それ故にSDA党員達の非難にさらされるであろうと自覚していた。しかしながら、コザラッの住民、私の隣人達、知人達、そして友人達がB・iH戦争勃発に関する、そしてまたオマルスカ、ケラテルム、そしてトルノポリェの諸収容所設置に関する主要犯罪者であると私を殆ど全員一致で名指すであろうとは、予想だにしなかった。

8．セルビア人共和国の土台

コザラッの町の中心に百年の歴史をもつ「聖ペタルと聖パヴレ」セルビア正教会があった。すなわち、プリェドル・オプシティナの最もラディカルなムスリムス人地区の真中に存在していた。しかし、長年、そこで行われて来た宗教行事がムスリム人達に不快感を与えるような事はなかったが、一九九〇年以来、ムスリム人達は、教会にかよってくる人々に反発を示すようになっていた。（二六頁）

B・iHの独立を志向するSDAのムスリム人とHDZ（クロアチア民主共同党）のクロアチア人の先手を打って、一九九一年一一月九日と一〇日にSDS（セルビア民主党）は、セルビアとモンテネグロとの共同体にB・iHがとどまるか否かに関する住民投票を組織した。私は、プリェドル・オプシティナのSDS主務委員会からコザラッとその周辺を受け持つ第三六投票所を組織運営する任務を受け取った。ムスリム人権力が投票場所の提供を拒否したので、正教会聖職者ムラデン・マイキチに助力を求め、教会の中庭で投票できるように頼んだ。投票自体は、プリェドル・オプシティナ権力の完全なコントロールの下で行われた。私達コザラッの場合、プリェドルのヨヴァン・ヴコイェが主責任者であった。セルビア人住民はほぼ一〇〇%投票し、ムスリム人は無視しうるほどの人数しか行かなかった。結果はB・i・Hの他の諸地域と同じであった。それは、セルビア人の真意であって、セルビア人地域を母国とベオグラードから力づくで分断する事を許さないと言う警告、ムスリム人・クロアチア人連合への公式警告であった。一九九一年の住民投票は、その後セルビア人共和国（スルプスカ共和国）が誕生する政治的土台となった。（二七頁）

9．最初の浄化

衝突前夜、ムスリム人・クロアチア人同盟が戦争の準備をし、公然と武装化しており、それに答えて、SDS（セルビア民主党）とプリェドル・オプシティナの軍・警権力は、セルビア人の急速な武装化を組織し、オプシティナ全域で警戒態勢に入った。セルビア人の生命財産の保護の為である。この地域の私達には第二次大戦直前に否定的体験があったからだ。当時、ムスリム人隣人達は、親ウスタシヤ的団体のメンバーであれ、普通の市民であれ、それまでなかったような悪業を、セルビア人隣人達に行ったのであった。その悪業の証人は、「ザイェドニツァ（共同体）」と称される大きな霊廟である。そこに無実の殺されたコザラッ・セルビア人数百人の遺物・遺骨が第二次大戦後に埋葬された。犯行者達の名前は、すべてのコザラッ住民の間で知られていたが、ムスリム人の誰一人としてその犯罪の故に正義の法廷に引き出されることはなかった。和解のために、墓銘板に「ファシズムの犠牲者」とのみ刻まれた。

ＳＤＳ幹部と教会聖職者との合意で、コザラッの正教会施設を警護するために夜間当直が始められた。正教会は、ムスリム人居住地にかこまれていたので、昼間は武装警備員を置かなかった。隣人達を挑発したくなかったからだ。（一八頁）警備員は全員ＳＤＳ党員であった。昼間は普通の生活を営み、夜間は自分達の任務を果たす。平服をセルビア人義勇隊の制服に着替え、手に小銃を握った。不意打ちを許してはならなかった。

私は、コザラッの中心にある自宅に母、妻、そして娘二人と住んでいた。私の兄達はかなり前から故郷を離れて生活しており、自分達の土地での生活に関心を示さなかった。昼は店で働き、夜はしばしば教会の中庭で他のセルビア人と共に見張りに立った。私は、「コザラッ青年ムスリム人」の策定した計画を知った。すなわち、セルビア人軍がコザラッを攻撃して来た場合、私と私の家族全員を殺害する事になっていた。ムスリム人隣人の一人がその任務を担っており、彼の名前をも知った。私達の置かれている情況がわかった。しかし、攻撃の正確な日取りを予め知らなかった。それ故に、戦争にならないようにひそかに念じていた。党指導者のシモ・ミシコヴィチは、私達の家族の避難が間に合うように町への攻撃を適切な時期に知らせてくれると私に約束していた。バニャルカに二人の兄と他の親戚がいたけれど、自分達の炉辺を離れるや、通常の難民生活をおくらざるを得ないだろうと分かっていた。そうこうするうちに、私達の町のセルビア人は、一人また一人と去って行った。ムスリム人隣人達に気付かれないように、おそるおそるひっそりと、夜がしのびよる頃、最小限の荷物をもって車で立ち去った。

10. セルビア人軍の戦車

その日曜日は季節のわりに例外的に暑かった。窓外を見ていると、何か異常な事態が発生したらしい。電話は切断されていた。バニャルカ・プリェドル道路（バニャルカからプリェドルへ五〇余キロ、幹線道路を約五分の四ほど行くと、右側にコザラッの町へ入る道がある。岩田）の十字路にセルビア人軍の戦車が出現したと言うニュースが街を駆けめぐった。過熱した空気が街をおおった。おそれおののいたムスリム人達は、老いも若きも、平服の者も軍服の者も武器を手に走りまわり、やがて生じるかもしれない事態を恐れていた。（三〇頁）

私は、教会へ向かった。教会の中庭に聖職者マイキチの家族住宅があった。彼がコザラッへ来た時から、私の家族と彼の家族は、親しい間柄にあった。あらゆる事で情報を交換し合った。戦争がいつ勃発するかも知れない苦しい日々においてもそうであった。不安だったが好奇心もある町の人々は、町の中心へ砲口を向けている戦車が良く見える場所へ急いでいた。プリェドルとの電話も切られて、私とマイキチは、何が起こったのかつかめなかった。セルビア人の多くは、すでに町の中心地区を去っており、私達は、プリェドルのセルビア人権力から完全に忘れ去られていると実感した。

私達は、意を決して、セルビア人戦車部隊と直接コンタクトをとろうとした。バニヤルカからの

10. セルビア人軍の戦車

ユーゴスラヴィア人民軍戦車　M-84の戦車兵

幹線道路に出て、コザラッツに入る十字路に向かって歩いた。そこに戦車が一台いたのだ。黒衣のマイキチ、平服の私。目的地まで五〇メートル、右側のムスリム人バリケードから雷鳴の如き命令がとんで来た。「チェトニク（セルビア人ラディカル民族主義者。岩田）達よ、止まれ、戻れ。」自分達の事だとは悟らずに、歩き続けていると、「チェトニク達よ、止まれ、撃つぞ。」

　引きかえして、教会の門まで来ると、中庭の草地にゴミ等が捨ててあった。（三一頁）明らかに誰かがわざと捨てて行ったのだ。教会住宅の玄関口に私の母と聖職者の妻ヴェスナが不安げに立っていた。ヴェスナは、子供をだきかかえ、泣きながら、私達がいなかった間に起こった事を語った。「あなた達が出て行った一〇分後に、制服のムスリム人グループが中庭へ侵入してきて、悪口雑言を投げつけた。教会からセルビア人旗を引き降ろそうとした。教会の鍵をよこせとおどした。三〇分以内に旗をおろさないと、『お前も子供も殺し、教会を焼くぞ』。」

もはや、好戦的ムスリム人達にかこまれて、ここにとどまるのは気ちがい沙汰だ。私とマイキチは、家族を安全な所へ疎開させることに決めた。三〇分間で避難行に最も必要な物を荷造りした。ここからより近いプリェドルへ向かう事は、いくつもの道がバリケード封鎖されていて、不可能だった。五〇キロメートル先のバニャルカに向かうことに決めた。小型車の「ユーゴ四五」に私達大人五人と小さな子供達三人がぎゅう詰めに乗り込んだ。(三二頁)

11．疎開

マイキチがハンドルをにぎった。私は、ムスリム人見張番がコントロールしている地域を安全に通り抜ける道を探す役目だった。教会の中庭を出る直前、ＳＤＡのムスリム人活動家がやじった、「タディチよ、私達が一番つらい今、出て行くなら、二度とコザラツに戻ってくるな。」「あなた達こそ戦いを選んだ。私は、すぐにコザラツに帰って来る。出来るんなら、阻止してみろ。」

五〇〇メートル走った所、制服を付けた隣人バホニチが道の真中に立ちふさがった。覆面、緑色の制服、緑色のベレー、ムスリム人準軍事部隊の徽章が目立っていた。狂ったように自動小銃を私達の車へ振り向けた。「止まれ」と「ＮＩＰＯＮ」の元常連客が叫んだ。「お隣さん、何故通ってはいけないのだ。子供達だけを連れていくのに。」(三三頁)「命令なのだ。元へ戻れ。」私はピストルを握りしめ、ドライバーに言った、「左へ、町の中心へ、別の道、コザラ山を抜ける道を。」子供達は泣いていた。その道は、筆舌に尽くしがたいほど混雑とパニックに満ちていた。そのおかげで、誰も私達の車に注意を向けなかった。……。私達の前方にムスリム人兵士の封鎖線がもう一つあった。そして、そこが私達に残された唯一のコザラツからの出口だった。車を全速力でコザラ山頂へ走らせた。ムスリム人兵士の一団が立ちはだかって、一人が銃を振って車を止めようとした。聖職者は、速度をゆるめ、止まろうとしたが、とっさに、私は大声で叫んだ。「速度を落とすな、加速、加速、止まるな。」マイキチは一寸の間ためらったが、私の言う通り、ムスリム人兵士達の間を突っ切った。ふりかえると、兵士の一人がバズーカ砲を私達に向けていた。その間、聖職者は、「神よ助けて、神よ助けて。」と切れ目なくとなえ続けていた。

三〇分程後、私達は、セルビア人軍のパトロールのかたわらをグラディシカ・バニャルカ道路へ向かって走っていた。その日の終り頃、セルビア人勢力が押さえていたバニャルカに着いた。とうとう安全な場所に着いたのだ。……。私の妻と子供達は、安全上の理由でそれ以来コザラツの我が家に帰っていない。（三四頁）

マイキチは、教会と住宅の鍵を私に託して、定期的に教会の土地財産を見まわるように頼んだ。翌日、私は、一人でコザラツに戻った。そしてSDSの何人かの義勇兵と共に私達の土地財産を見張り、守り続けた。

数年後、私は、隣人のマニヤックな男Y（本文に実名あり。岩田）の口から出た嘘言を聞いた。彼は、私が九二年夏の戦争中にムスリム人警察官グループを捕虜にして、その時に警察指揮官オスマ・ディドヴィチをコザラツ教会の中庭で殺害した、と執拗に非難した。武力衝突の時、私は、コザラツにいなかっただけでなく、そんな犯罪は、プリェドル・オプシティナのどの正教会の前でも、コザラツの正教会の前でも決して行われていなかったのである。

12．秘密の宣戦

三つの民族政党（ＳＤＡ、ＳＤＳ、ＨＤＺ）は出来るだけ有利な地位を占めようと、それぞれの民族の動員と武装に懸命であった。ＳＤＳ党員として私もこの仕事で自分なりの貢献をした。

　コザラツの少数派セルビア人の生命は大変に危険だった。毎日電話で脅迫され侮辱された。完全武装したムスリム人準軍事部隊がこの小さな町をパトロールしていた。彼等の旗の下に立つことを拒否した者達を粗暴にとりあつかった。（三六頁）コザラツのすべての入口と出口で誰が出入りするかをコントロールしていた。ポトコザリェの情勢は混沌としており、あらゆる人が自分で知っており出来るやり方で武装した。

　この仕事で儲けた者も多かった。私は何回かＳＤＳ指導部とオプシティナ警察幹部にコザラツ・ムスリム人の大衆的武装化に注意するよううながした。私は、どこから武器がとどくのか、と自問した。私がこの件で話し合った人々のまさしく一部がそれに関与していた事を知らないままに、だった。利得者連中の中にプリェドル警察署長シモ・ドルリャチャと刑事部長ドゥシャン・ヤンコヴィチがいたし、オプシティナの政治、軍事、警察のトップにいる何人かの人々がいた。武器陰謀のために当時の党議長スルジョ・スルディチ博士がプリェドルのＳＤＳ第一人者の職務から排除さ

れたのだ。（三七頁）

13. 二つの塹壕

バニャルカの公安部長ストヤン・ジュプリャニンは、将来のセルビア人共和国領内のすべての警察署を完全に統制しようとはかった。警察勤務員全員に民族を問わずセルビア人政権への忠誠署名と新しいセルビア人共和国の記章装着が要請された。さもなくば解職と武器引き渡し。

プリェドル警察署長シモ・ドルリャチャは、明言した、「命令電報を受けとった。コザラツの全警察勤務員にそれを実行させる。断固として。」

ムスリム人とセルビア人の間でこの件に関する長い苦しい交渉が行われた。コザラツのムスリム人指導者の一人ベチル・メドゥニャンは、交渉の結果を報告して、言った、「私達は二つの塹壕にこもっている。人々は最後の一ディナールまで武器に使った。それを引き渡したくない。武器引き渡しに署名し、セルビア人の規則を受け容れる者は、袋だたきに合うだろう。セルビア人達は、まだ我々を攻撃する用意がない。」

同じ頃、ムスリム人とクロアチア人から成るB・i・H（ボスニア・ヘルツェゴヴィナ）残余幹部会（セルビア人代表が抜け出てしまったのでこう呼ばれる。岩田）は、連邦軍（ユーゴスラヴィア人民軍）のB・i・Hからの撤退決議を採択した。B・i・H内務相アリア・デリムスタフィチは、B・i・Hの全警察署長達に秘密電報を打った。①連邦軍の全装備の撤収阻止、②B・i・H領土防衛隊への供給に必要な連邦軍の装備貯蔵所の封鎖、③B・iH内務省のガードのつかない、通告なしの連邦軍の移動阻止、④B・iH全域における軍事作戦の急速な計画と始動。

14．連邦軍への攻撃

B・iH残余幹部会は、秘密裡に対連邦軍宣戦。コザラッのSDA幹部とそのパラミリタリー部隊は、内相アリア・デリムスタフィチの電報を待つまでもなかった。コザラッ危機管理本部は、ただちに行動に出た。

ムスリム人達は、プリェドル・バニャルカ間を移動している連邦軍部隊へ攻撃を始めた。昼夜をおかずたたかいの叫びがコザラッの通りに響き渡り、群集が通りをかけまわった。その中に私の知人達も多くいた。以前は衝突願望を全く示していなかったのに。プロパガンダの影響が明々白々だ。それでも、まだ流血阻止が出来ると信じて、プリエドルの幹部とコザラッの指導部との新しい会合を設けようとした。残余幹部会の命令で、コザラッとハムバリナのSDA幹部は、武装軍警部隊を編成し、主要道路上に統制点と封鎖線を設置した。

一九九二年五月二二日ハムバリナの統制点で武力衝突が起こった。ムスリム人軍は、意識的に平和に反する罪を犯した。警告なしに連邦軍車輌に発砲し、兵士二人を殺害し、四人に負傷させた。そして、死者と負傷者の収容を許さなかった。プリェドルの危機管理本部は、かかる犯罪行為の実行者を五月二三日一二時までにプリェドル公安部に引き渡すように命令した。期限が守られなかったので、プリェドル警察署長シモ・ドルリャチャは、「危機管理本部は、この地域における武装解除と兵士殺害者逮捕のために軍事介入する事を決定した。」と声明を出した。

「共同体」 岩田撮影

15.「共同体」

コザラッにおける衝突準備は、両サイドにおいて周到に細部に至るまで作成されていた。ムスリム人達は、戦闘能力ある全男女を武装させるだけでなく、自宅近くに濠をほり、トーチカを作り、そこへ武器弾薬、戦時用食糧、石油、ガソリン、貨幣等有価物を貯蔵した。このような行動は、コザラッの全住民に日々目撃されていた。少数派セルビア人達の間にムスリム人隣人達の言行不一致への不信感がたかまった。

第二次大戦の初期、ムスリム人は、親ウスタシャ（クロアチア人ラディカル民族主義者。岩田）であって、対セルビア人の残虐行為に参加した。それ故、ムスリム人の古い世代は、セルビア人犠牲者の子孫による復讐がありうると内心恐れていた。コザラッとトルノポリェの間にある「共同体」と呼ばれたセルビア人記念墓地は、今度の戦争の前の日々、常にも増してあらゆるムスリム人の意識にのぼっていた。

ハムバリナの衝突の後、一九九二年五月二五日に連邦軍部隊がバニャルカからコザラッを通って、プリェドルへ向かうと発表された。（四二頁）連邦軍がコザラッ近くに現れた時、ムスリム人軍の封鎖線と周囲の家々から警告もなく部隊に向けて発砲された。一台のタンクが動けなくなり、一人のセルビア人兵士が重傷を負った。かくして、これはもう一つの平和に対する犯罪であって、コザラッ地域に住むセルビア人とムスリム人の直接衝突に至った。五月二五日、二六日、コザラッ地域で激闘が展開し、次いで数千のムスリム人兵士と市民が降伏することになった。

プリェドル・オプシティナ危機管理本部は、決定した。「保護を求める人々のためにトルノポリェに収容・宿泊施設を設け、工作のために戦争捕虜をプリェドルのケラテルム工場とオマルスカの鉄鉱山『ルードニク』の管理棟と工場に拘束する。」

プリェドル・オプシティナ幹部による思慮を欠いた決定の結果は、後になって、戦争参加者全員にとって悲劇的であることが示された。特に、一九九二年夏にオマルスカ、ケラテルム、トルノポリェのいわゆる収容所の仕事と何等かの形でかかわった者達にとって。二ヶ月後、オマルスカ、ケラテルム、トルノポリェの諸収容所は、解散され、プリェドルとバニャルカ地域からすべての戦争捕虜達が国際赤十字の支援で外国へ出発した。そのほかに、西側の豊かな国々で仕事を得ようと当時の戦争状態をうまく利用したムスリム人達も亦。（四三頁）

16. 現場にて

一九九二年五月二二日の夜、一人のムスリム人と三人のセルビア人の客がいた。彼等だけは、喫茶店「NIPON」の敷居をまたぐ勇気があった。電話が鳴った。長年の知人ストヤン・プパヴァツからだった。「君、まだコザラツにいるのか、確かめる命令を受けた。」（四六頁）「店にいるよ。」「何をぐずぐずしてるのだ。すぐに出ろ。おれ達は、コザラツ方面への陣地で君の町を砲撃する命令を待っている所だ。」

予想はしていたが、この知らせには全く驚いた。幸いなことに家族はすでにバニャルカに疎開させてある。ところで、町からの出口は、すべてムスリム人民兵が厳重な見張を立てていた。隣人で友人のトリヴォ・レリチがいた。一九五八年以来付添看護師としてコザラツの保健所で働いていた。彼は、このSDAの戦闘拠点を最後に脱出したセルビア人の一人だった。

ここに一九九五年六月七日に彼がプリェドルでこの瞬間を描写した文章がある。「一九九二年五月二二日二一時頃、コザラツ保健所の救急室の宿直に向かった。その時そこで働いていたたった一人のセルビア人だった。セルビア人医師ドラゴ・ラチマンは、道路が封鎖されてやって来られなかった。仕事に行く前にタディチとの約束でランチをつくって、彼の店へ持参し一緒に食べた。一九九二年五月二三日朝六時まで当直した。それが終わって家へ急いだ。家の中庭に多くのムスリム人兵士を見て、家に入るや、息子にすぐコザラツから逃げろと告げた。」「車に乗り込み走らせると、通りの反対側の店の前にドゥシコ・タディチがいた。『どこへ行くのか。』『プリェドルだ。乗っけてくれるか。』……。コンチャラ村で二台の軍用車に気付いた。武装ムスリム人のグループだった。悪名高い犯罪者コレと通称されるスリョ・クスランがいた。彼等が武器を車から下ろしている隙に全速力で封鎖線と彼等の脇をすり抜けた。ドゥシコは、プリェドルの中心でおりた。私と息子はそう遠くないスヴォドノ村まで行った。」

レリチと別れて、親類のヴォキチ・ラドヴァンを訪ねた。彼は署長ドルリャチャの個人的ガードであった。それから列車でバニャルカへ向かった。母、妻、幼い二人の娘が待っていた。その日、プリェドル駅は数千の群衆で混雑していた。発車が遅れていた機関車の汽笛が鳴って、みながほっとした。数分後ムスリム人村ハムバリナへの砲撃の音が私達の所まで届いた。翌日午後二時頃コザラッ、私の生まれた町、逃げ出さざるを得なかった町へ攻撃が開始された。

何がコザラッ攻撃の直接的動機だったのか。コザラッは、BiHのセルビア人共和国とクロアチアのクライナ・セルビア人共和国を結ぶ交通の要地である。軍用車列が通過するので、コザラッのムスリム人武装部隊にすべての統制点とバリケードを撤去するべしの命令が下されたのである。

ムスリム人は通告を拒否しただけでなく、ヤクポヴィチ村でセルビア人軍戦車隊に攻撃をしかけた。かくして戦闘が始った。セルビア人軍は、第三四三自動車化旅団の諸部隊が投入され、二曲射砲中隊と多くのM‐84戦車に支援されていた。ムスリム人軍の兵力は一五〇〇人から二〇〇〇人であった。

一九九二年末までに行なわれた作戦でプリェドル・オプシティナ一帯で多数のムスリム人とクロアチア人が捕虜となって、オマルスカ、ケラテルム、トルノポリェの「収容所」へ送り込まれた。

1992年武力衝突後のコザラツ

それらは、西側の宣伝でヒトラーの最悪名高きアウシュヴィッツと等置されることになるのだが、プリェドル・オプシティナの戦時幹部会が設置を決定した。ハーグ検察当局は、いかなる信頼に値する証拠もなしに、コザラツ攻撃で八〇〇人が殺害され、一二〇〇人が捕虜にされたと主張した。

17．恐るべき起訴状

ラジオ・プリェドルが最後通告を放送した。

私に対する起訴状で言う。「コザラツ攻撃は、猛砲撃で始まり、戦車と歩兵の侵攻がそれに続いた。コザラツに入ると、セルビア人歩兵は一軒また一軒と放火して行った。五月二八日までにコザラツの五〇パーセントが無に帰した。残りの被害は、一九九二年六月と八月の間に発生した。町から住民を一掃した後、セルビア人兵士は、コザラツに『生命がなくなる』まですべてを盗み略奪した。コザラツ攻撃に際してセルビア人財産に損害を与えないように注意が払われていた。セルビア人の家々には『手を触れるな』と注意書きがあった。」（四八頁）

検察官は、その時にコザラッで起こった事態に対する責任の大部分を私に帰した。いかなる官職もいかなる軍階級も有していなかったにもかかわらず、私がムスリム人住民虐殺で鍵的役割を果たしたとされる。検察官によれば、私は、誰を捕虜にすべきか、誰の家を焼き略奪すべきか、誰を殺害すべきか、を命令した当人であった。ソドミー（男色、獣姦。岩田）の故に有罪となったことのあるY（本文には実名あり。岩田）のような偽証人等を挙げて、検察官は、私が一九九二年五月二六日にセルビア人軍所属一六人と共にコザラッのムスリム人警察官六人を捕虜にし、正教会の前に据え、二人を選別して、彼等の喉を切り裂いた、と告発した。そんな犯罪と物理的に言っていかなる関連を持ち得ようがなかった。何故ならば、コザラッ攻撃の時、五〇キロメートル離れたバニャルカにいたからだ。（四九頁）

18．敗北者による復讐

（五〇、五一頁にコザラッとその周辺における戦闘で敗走したムスリム人軍によって、その後周辺の村々で行われたセルビア人住民殺害の諸具体例が筆者ドゥシコ・タディチによって提示されている。要約紹介は省略する。岩田）

19．再び「NIPON」へ

家族と共に滞在していたバニャルカでコザラッツ地区で発生した戦闘をテレビ・ニュースで観ていた。戦闘終了後数日たって、兄リュウボとコザラッツへ行き、家族の土地財産をみてまわった。見捨てられた町は、不気味にがらんとしており、異様に静かであった。隣人達の姿ひとつ無く、一万人の町がわずかの間に空になった。戦闘の跡は、あらゆる所に生々しかった。

コザラッツの入り口で戦車隊指揮官の旧友ミラン・ヴラチナに想いがけず会った。プリェドルからコザラッツ入口までの幹線道路の両側から、彼の戦車がムスリム人拠点を「掃討」したのである。（五二頁）一緒に「ＮＩＰＯＮ」へ向った。小中学校の近くで死体収容中のトラックを見た。荷台からは積み上げられた死体が突き出ていた。トラックのうしろで半ば制服姿の三人の若者が死体を集めていた。

自分の店に入った。「君の店を守ってあげた。コザラッツに突入するや、部下達と一緒にここへ飲みに来たんだ。以前いたウェイトレスはいなかったがね。」とミランは冗談を言った。店は、弾丸で穴があいていたし、略奪もされていたが、まだ使用可能だった。再びバーのうしろに立って仕合せだった。私、兄、ミラン、何人かのセルビア人と飲み交し、割れたガラス窓から銃火器の一斉射撃音がきこえても誰も気に止めなかった。（五三頁）

20. モニカ・グラスのへま

（標題が内容に合わない。内容は「17. 恐るべき告訴状」の続き。岩田）

ハーグ検察官は、プリェドル・オプシティナにおけるムスリム人とクロアチア人の多くの搬送と追放における私の役割を広汎かつ長大に物語る。オマルスカ、ケラテルムそしてトルノポリェの諸収容所における殺人、拷問、性的暴行、その他諸々の肉体的・心理的暴力の故に私を非難する。ムスリム人とクロアチア人に対して、夜間外出禁止、移動の自由制限、一斉解雇、会社設立禁止、社会保障・健康保険廃止・教育権剥奪・電話封鎖・電力切断・家宅捜査、財産一〇億ディナールの没収、識別と蔑視のための白リボン装着が実行された。これらすべては、検察官の強調する所によれば、コザラッでもSDS党員、居住共同体書記ドゥシコ・タディチの指導下で行なわれた。検察官は、人道に反する犯罪像の枠組をつくり上げ、私の名前をその中心に持って来た。

21. 勝利に酔って

プリェドル・オプシティナへ戻って、私は、コザラッの生活再建、電気、水道、医療センター、郵便、警察の再建に他の人々と共に努力した。一九九三年六月から民警として活動した。また赤十字委員としても働いた。しかし、コザラッには住む所がなかった。セルビア人の家もまた略奪されていた。

プリェドルの政治、軍事、警察の幹部の若干名は、勝利に酔いしれ、好みで人を逮捕し、好みで人を釈放していた。その結果自分達相互間でひんぱんに衝突を起こしていた。私は、プリェドル・オプシティナ議会議員として不注意と無責任に抗議の声をあげていた。略奪したのは誰か、盗人を白日の下にさらすべきだ、と問うた。彼等は、口をつぐんでいろと私に言った。

ドイツにいたコザラッ出身のムスリム人達は、ドイツ国営テレビのカメラの前で、私がオマルスカ収容所司令官であり、一九九二年の戦争でプリェドル・オプシティナで起こったことすべてに最も責任あるセルビア人であると語っていた。その後かかるストーリーに加担したのは、プリェドル有力者で私の批判的言動に不愉快だった者達であった。（五五頁）

一九九三年二月初めドイツ国営テレビのチームがプリェドルにやって来た。ジャーナリストのモニカ・グラスがリーダーだった。セルビア人共和国の最高権力（ラドヴァン・カラジチ等。岩田）がテレビ・チームに収容所訪問を許可していた。モニカがプリェドル刑事部長ドゥシャン・ヤンコヴィチに「誰と話す事を勧めますか」と問うと、彼は、「ドゥシコ・タディチだ。最も良く事情を知る人物だ。」と即座に答えた。ドイツ人達は、公式の通訳と、私ドゥシコ・タディチが旧知のガードの警察官二人と共に居住共同体の職場へやって来た。

「オマルスカについて、何故私と。オマルスカと私とどんな関係があると言うのだ。」「あなたは収容所で起こった事すべてをご存知だと言われてきました。」こう問われて、私は警官の一人に向ってたずねた、「彼らを私の所へよこした者は、誰ですか。私はあんたともあんたの同僚とも一緒に働いていた。あんた方二人は、私がオマルスカ収容所の職務に決してついていなかったことは御存知のはずだ。」（五六頁）モニカのガードの警察官は、謎めいた笑みを浮かべて、答えた。「知っているさ、でも部長のヤンコヴィチがあんたの所へ案内するように命じたのだ。」私はおこった。「彼等をヤンコヴィチの所へ連れて行け。彼がオマルスカで起こったことを最もよく知っているのだ。」私はインタビューを拒否して外へ出た。

二人にガードされながら、ドイツ・テレビのカメラマンは、私が白色の毛皮のエリのついた黄色い上衣を着てコザラツの荒れた人気のない通りを歩く様子をひそかに撮影していた。署長ドルリャチャと刑事部長ヤンコヴィチが許可しなければ、出来なかったことだ。モニカは、ドイツに帰ると、たくみな、しかし汚いモンタージュをつくった。一九九二年夏にとられたオマルスカ収容所の映像に一九九三年二月の私の姿をモンタージュした。これが私に対する告発の「堅固な」証拠の一つとなった。

ヤンコヴィチは、収容所で実際に仕事した者達の痕跡をかくそうとして、意図的にドイツ人ジャーナリストを私の所へ送り、誤った方向へ案内したのだ。署長ドルリャチャと刑事部長ヤンコヴィチがプリェドルの全警察力を握っており、オマルスカ、ケラテルム、トルノポリェの諸収容所で起った諸事件についての最良の情報をもっており、最大の責任を有する。これは論駁の余地がない。（五七頁）

22. 弾丸ははずれた

モニカ・グラスがヤンコヴィチの助力でつくったドイツ・テレビの巧妙なルポルタージュは、世界に大きな反響を呼んだ。私のまわりに危険な網がはりめぐらされていると言う最初の警告であった。まもなく、それを具体的に確信することになる。

一九九三年七月、ドゥシャン・ヤンコヴィチは、腹心の一人に私をプリェドルの公的生活から排除するように秘密に命じた。その男とはのちにハーグ法廷で対面することになった。保護された証人CTである。裁判官の前でその場の状況を詳細に述べ、その命令を拒絶したと語った。ヤンコヴィチは、別の殺し手を見付けた。クラドゥシャ生まれ、犯歴のある予備役、ラパと通称されていた。

一九九三年八月一五日、コザラツ居住共同体のつとめから帰る途中、あるガソリン・スタンドの前に止まった。近くの喫茶店に入ると、長年の友人ドラガ・ヴィドヴィチとゴラン・ボロヴニツァを見付けた。二人は、クロアチア戦域の義勇兵であり、コザラツ攻撃にも積極的に参加しており、ボロヴニツァは、その後プリェドル警察で働いていた。（五八頁）

外のトイレへ行った。自動小銃を構えた覆面制服の男が私をさえぎって、「てめえのいのちはもらった。」と叫んだ。本能的によけると、弾丸ははずれた。カラシニコフの銃身の側面を左からはたいた。銃声がし、弾丸ははずれた。襲撃者をつかみ、右手で顔面にくらわせた。私達は、はげしくカラシニコフをとり合った。熱いアスファルト上で彼の腹に上乗りになり、片手で銃をアスファルトへ向けさせ、別の手で自分のピストルを抜いた。彼の口の中へそれを突き込んだ。「銃をはなせ、ぶっ殺すぞ。」

まわりに沢山の人々がいた。ゴラン・ボロヴニツァは、私に「ドゥシコ！　彼をはなせ」、襲撃者に「武器を渡せ、馬鹿奴！」と叫んだ。彼は、自動小銃をはなし、立ち上がり、脱兎の如く逃げ去った。

ラパは、その日のうちに逮捕され、軍監獄に入れられたが、二、三日後に釈放された。私が軍検察官トミチに「何故」ときくと、「証拠がない」と言われた。「沢山の人が見ていたのに。」（五九頁）。「個人的に異議申し立てたらよい。但し戦争中は駄目だぞ。」

ラパが後に認めた所によれば、私の遺体を最高の軍名誉でもって埋葬し、墓標に「バリイェ（ムスリム人の侮称。岩田）」が殺したと刻記する計画がたてられていたと言う。ガソリン・スタンド事件の数日後、プリェドルの軍公安関係者が私の生命が狙われていると警告してくれ、誰によって、何故かをも語ってくれた。私はバニャルカの兄の所へ母を、妻と子供の二人をミュンヘンへ送った。そして私は身をかくした。ゴラン・ボロヴニツァがバニャルカで逮捕、投獄され、戦場へ出され、そこで謎めいた状況下で殺されたと聞いて、すべてが鮮明になった。私はベオグラードへ向い、三ヶ月後家族のいるドイツへ出立した。

ドイツへはユーゴスラヴィア空手代表団として行ったことがある。私は、八歳の頃からこの高貴な技を学んだ。黒帯四段の空手師範の称号を得ていた。空手の本質は、精神的・肉体的自己統制力の形成である。長い監獄生活中、毎日数時間練習した。空手のおかげで心理的・肉体的健康を維持できた。しかしながら、何回か困難な瞬間があった。自殺を考えたのだ。帯を首にまきつけ引っ張った。しかし、私の事件に関する真実と闘争への欲求の方が強かった。（六〇頁）

23. 致命的過失

ドイツへ向かったのは、致命的過失だったと人は言う。法律が支配する民主主義国に行くんだと信じていた。ハーグ検察局が言うような犯罪を行っていたならば、わざわざ罠にはまりに行くものか。ミュンヘンには戦争前に何回も滞在した。ヨーロッパの空手界の有力者達とも会っていた。しかし、今回、空気が変わっていた。

ミュンヘンでの家族再会の喜びもつかの間であった。私の悪い噂がここにも届いていた。ポトコザリェ出身のムスリム人とクロアチア人の難民達が私を首謀者とする諸犯罪の話をテレビや印刷物で組織的に流していた。そんな嘘の焔に油をそそいだ者は、残念なことに兄ムラディンだった。彼は、私がムスリム人にとってある種の鬼であるとセルビア人達に自慢していた。全く無思慮なことに自分の店の壁にセルビア人軍の制服でカラシニコフ銃をもつ弟リュボミル（タディチにとっては兄。岩田）の大写真をかけていた。

兄の店で給仕として働いた。空手クラブでトレーニングをした。私への包囲は無情にちぢまった。毎日ドイツ警察が戸をたたき、手錠をはめにくるかとおびえていた。溺れる者藁をもつかむのたとえの如く、私がプリェドル脱出を助けてあげたムスリム人達のことを想い起した。一例をあげる。

（六一頁）彼等は、私のことを覚えていてくれるだろうか。

交通警察の制服を着た私は、エルヴィス・クリュチャニン、生後数か月の赤ちゃんと妻をつれた彼の弟（あるいは兄）、彼等の母親と親族の女性をプリェドル鉄道駅まで送って行った。クリュチャニンの頼みだった。忘れられない瞬間だった。列車のところまで来て、「さあ、もうお別れだ。」と私は言った。エルヴィスは「お願いだ、ドゥシコ、私達と一緒に車内に入ってくれ、もっと安全になる。」同意した。そして車輪が回転しだしてから列車を降りた。彼等は、ボサンスキ・ノヴィの難民センターを経てドイツに向かった。（六二頁）

24. ツィガのグループ

一九九二年六月一六日のコザラッツにおける衝突の後、私はプリェドル警察部隊に動員された。しかしながら、ハーグ法廷の正式な起訴状の第12パラグラフ、ヤスキチ村とシヴツィ村の諸事件にかかわる箇所では、次のように述べられている。「一九九二年六月一四日頃、ドゥシコ・タディチを含む武装セルビア人は、プリェドル・オプシティナのヤスキチ村とシヴツィ村に進入し、家から家をまわって住民を呼び集め、男と女子供を分離した。」

数年後上記犯罪に直接参加した人々の声明から以下の事を知った。ハーグ法廷が知り得なかったし、知りたくなかった事だ。

「私ヴラディミル・マリチは、真実は以下の通りであると声明し、確言する。」「三．私の到着後の六月中、ヤスキチ村とシヴツィ村のムスリム人住民は、『諸収容所』までバスで輸送されていた。」（六三頁）。「私の部隊以外に、モムチロ・ツィガ・ラダノヴィチとそのグループが憲兵の役割でムスリム人住民搬送当時しばしばこの地域にやって来ていた。四、私がこの地域に滞在していた時、ドゥシコ・タディチがヤスキチ村にもシヴツィ村にもいなかった事を確言する。当時タディチが両村にいたならば、必ず彼を見かけたであろう。諸統制点における厳格なコントロールの故に、タディチであれ他の誰であれ両村に入る事は、不可能であった。」（六四頁）。

25. 運命の男「髭面」

ムスリム人フォリチ・ダニエルは一九九二年六月一四日に起こった諸事件の直接的参加者であり、目撃証人である。彼は書く。「誰から強制されたり示唆されたりしたのではなく、私の発意で表明する。ドイツにいて、ドゥシコ・タディチ裁判をトレースしていた。ヤスキチ村とシヴツィ村の諸事件について彼が責任なしとされたのを知って当然だと思った。しかし、上級審で同事件について有罪と宣告されたのは、ショックであった。」（六五頁）。

「一九九二年六月一四日頃、セルビア人軍による銃撃と村の浄化が始まった。その時、私は、ヤスキチ村にいた。シヴツィ村の家へ向った。家も村も包囲されて、六人の兵士グループが私をつかまえた。彼等のリーダーが私に近づいて来た。見ると髭面だった。コザラツの人ドゥシコ・タディチにそっくりであった。けれどもドゥシコ・タディチではない。彼の店には何回となく行っており、彼の声も知っているし、家族の全員を知っている。見間違うことはあり得ない。タディチ似の男は私の出した移動許可証を引き裂き、私と許可証を発行した人物を罵倒した。そして私をなぐった別の兵士達は、私から一六〇〇ドイツマルク、安全カミソリ、身分証明書、金の指輪をうばい、そして放してくれた。一兵士は、「白鷲」隊（現在、ハーグで裁判中のシェシェリの私兵隊。岩田）だと名乗った。」（六六頁）

「私が身をかくしていたすぐ近くを兵士達がヤクポヴィチ・ハサの息子、一八歳位を連行して行った。一〇〇メートル位先まで行って戻って来た。その一人は『髭面』の男、私をなぐった男、タディチそっくりの男だった。『髭面』は、ヤクポヴィチに止まれと言って、自動小銃を発射した。そして去った。そうこうするうちに女達がやって来て、『ああ、彼を殺しやがった。』と叫ぶ。」

「ムニャ・アリホジチ、メンコヴィチ・ハムディヤ、イチチが現れた。私が生きているのを見て驚いていた。ムニャは、私の伯父の息子スマイル・フォリチ、アリヤ・フォリチ、ヤクポヴィチ・ディリヤ、多くが殺されたと伝えた。私はムニャに『髭面』をよく見たかときいた。女達があれはドゥシコ・タディチだと語り合っていたからだ。ムニャは、あの男をきちんと見たし、自分はタディチを良く知っているし、女達が話していることは正しくないと私に言った。」「その後、トルノポリェ収容所にいた時も私とムニャ・アリホジチは、ヤスキチ村とシヴツィ村の諸事件について何回も話し合った。私と彼は、ドゥシコ・タディチがヤスキチ村とシヴツィ村にいなかったことを今も確信している。『髭面』の男は、そっくりだとしても、ドゥシコ・タディチではない。（六七頁）。その男の声は、ドゥシコに全く似ていなかった。私達は、トルノポリェで一夜をすごし、翌日列車

でドボイに搬送された。」（六八頁）

26. 匿名の手紙

私の以前の弁護士ミラン・ヴゥインがハーグ法廷と弁護チームの他のメンバーとに長年隠していた文書資料の中に「髭面」が何者であるかに答えてくれる匿名の手紙を発見した。他の証拠すべてと合わせるると、匿名の手紙は、オマルスカのモムチロ・ラダノヴィチ・ツィガのパラミリタリー部隊の一員としてプリェドル・オプシティナで行われた数多くの犯罪に参加したある人物を指し示す。後にそれらの犯罪が意図的に私になすりつけられたのである。その手紙は、私の兄あてであった。

「尊敬するタディチ殿！」

「貴殿の弟ドゥシコの件について貴殿が知らないようないくつかの事柄をお知らせしたい。何故匿名なのかお分かりでしょう。すべてが済んだ後にお互い知りあいましょう。

ドゥシコは、プリェドル警察官であった時期に多くのムスリム人、私と私の家族を助けてくれた。彼は、市民問題オプシティナ委員であって、ある人物の邪魔になったので国外へ出ざるを得なかった。店も奪われた。戦場へ送られ、そこで暗殺されかけた。

彼がオマルスカ収容所の看守職にあったなんて、馬鹿げている。彼がいくつかの殺害を命令していたとか、彼の友人のエミル・カラバシチの殺害を命令したとか、はるかに馬鹿馬鹿しい。当時プ

（六九頁）

タディチ似の男Z（目かくしは、出版社による）

リェドルにいた者すべては、ドゥシコがオマルスカ収容所にいなかったことも、そこで働いていなかったことも知っている。オマルスカ収容所指揮官は、ジェリコ・メヤキチであり、エミル・カラバシチを殺した男は、現在プリェドルに住むZ（実名あり。岩田の判断でふせる。）だ。彼は、難民のための国際赤十字で働いており、貴殿の弟ドゥシコに大変よく似ている。

（ドゥシコ・タディチ本人の写真は、但し髭なしの、あるいは殆ど髭なしのであるが、原著の八、九、八九、九〇、一〇六、一一六、一二八、一四六、一八一、一九九頁と多く示されている。六九頁のZの写真と見比べると確かに良く似ている。両者が口髭、あご髭、ほお髭をつけ、軍装していた場面を想像すると、たしかに間違われやすかったであろう。本文には「髭面」の男の実名が出ているが、「偽証罪」のムスリム人たちの実名を伏せたのと同じ理由で「戦争犯罪」の真犯人とされる「髭面」の男についてもZとしておく。岩田）

収容所が存在していた時期、彼は、囚人達の看守であり、囚人達と直接接していた。すべての者が彼をこわがっていた。乱暴で危険な男だったからだ。ドラガン・ルキチも顔の左にホクロのあるネジョ・グラチャニンも彼より良いということは全くない。ドゥシコを告発する諸声明のビデオ・カセットを御覧なさい。そうしたら分かるでしょう。口髭のZの写真にあご鬚・ほお髭を描き加えて、貴殿に同封する。ほお鬚・あご髭のあるオリジナル写真を持っていないからです。貴殿の弟がほお鬚・あご髭をしていた時、彼もそうしていた。おそらく意図的にだ。ドゥシコに良く似ている事を知っていて、自分に何かが起こった時にすべてをドゥシコに押し付けることが出来るから。（七〇頁）

復讐しようと望むあまり、彼が決して実行しえなかった事でムスリム人達が彼を告発している事を知って、私は、こうするのです。私は、これが唯一の正しい真実である事を確言します。私の本名を明かせないことは、御分かりでしょう。この手紙を弁護士に渡し、写真と共に新聞に公表するように貴殿に提案します。すべての人々がこの人物を知って、貴殿の弟を告発する人達が自分達の間違いを悟るだろうと私は考えます。差し当たりこれだけ。」

「イリヤ」

27. 堅固な証拠かファンタジーか

収容所内で起った諸事件について、プリェドルの一般住民達は、何も知らなかった。そんな話がとどいたとしても、ファンタスティックで起り得ないこととして誰も信じなかった。しかしながら、収容所開設の初日から収容所の仕事を意識的に調整し方向付けた一群の人々がいた。彼等はそうすることで全セルビア人にどれだけの損害をもたらすかを考えもしなかった。ドイツ人ジャーナリスト・グループとプリェドルの私の政敵達の頑迷のおかげで、私は、世界的メディアで先ずオマルスカ収容所司令官、看守として、次いでプリェドル・オプシティナで起こった諸事件すべてに有責のパラミリタリー部隊のリーダーとして名指しされた。事態がかく展開して、ドイツ最高裁の捜査判事は、一九九四年二月一三日に私の逮捕令状を発した。容疑は、ボサンスカ・クライナ地方で生起した戦争のすべての局面に「セルビア国籍者」の私（ドゥシコ・タディチは、当時ボスニア・ヘルツェゴヴィナのセルビア人。岩田）が警察官として参加していたと言う事だった。逮捕令状にはなかんずく次のように書かれていた。

1、ある人々がある宗教集団のメンバー達を肉体的に抹殺し得る生命状況に投げ込む事を意識的に繰り返し助力した。その時、その人々は、その集団を完全にか部分的にか抹殺する意図を有していた。（七二頁）

2、被告は、オマルスカ強制収容所において一九九二年六月に行われたセルビア人側による諸殺害をセルビア人警察官として知っており、許容しており、そして助力していたと言う否定し難き容疑の下にある。

3、被告の行為は、ドイツ刑法に従って罪する事が出来る。被告が外国人であり、かつ外国で行われた行為に関して告発されると言う事実は、ドイツにおける刑法的追及を妨げるものではない。（七三頁）

（当該諸外国における警察制度、検察制度、裁判制度にほとんど無知であり、職名の正しい訳語も知らない。コンテクストで判断して欲しい。27の表題は内容にそぐわないが、そのままにしておく。岩田）

28. 被保護証人「CT」

証人「CT」は一九九二年夏プリェドル・オプシティナで行われた組織的逮捕の直接的参加者、警部であって、内部資料にアクセスでき、諸収容所への出入りが許されていた。以下、彼の証言。(七四頁)

「ドゥシコ・タディチの弁護士の要請で行った以前の証言は、不十分であった。その時はプリェドル内務部の同僚達が固有名や収容所について何も語るなと私に示唆していた。私は、一九七四年以来プリェドル警察のセンター1で働いている。今日セルビア人共和国に民主主義があり、人々は、一九九二年の諸事件について公然と語り出している。今やドゥシコ・タディチとミチャ・コヴァチェヴィチ博士の無実を私が知っている内部資料で明らかにする時だ。」(七四頁)

「すべてのムスリム人居住地は、彼等の郷土防衛隊と警察が固めていた。コザラッ攻撃の時、プリェドルの警察署で宿直していた。一五日後、署長ドゥラ(ドゥシャンの通称。岩田)・ヤンコヴィチ等の個人的友人でゼムナツと呼ばれるリュボ・クネジェヴィチがやって来て、コザラッ署のムスリム人、オスマ・ディドヴィチ指揮官を殺害して、マンホールに投げ捨てたことを自慢していた。彼のほかに九人のムスリム人警察官が殺された。」(七五頁)

「警察への報告からドゥシコ・タディチが攻撃前にコザラッを去って、バニャルカに向かった事を知った。個人的にドゥシコを知っているわけではない。戦前にタディチ兄弟が空手をやっていることは知っていた。戦争中はタディチについて多くの事を聞き知る立場にあった。」

オマルスカ収容所の囚人達　1992年夏

被保護証人「ＣＴ」が当時の私の弁護士ジョン・リヴィングストンに利用するようにと渡した書面証言の中で、彼は次のように言っている。（七六頁）

「警察の資料から、私は、ドゥシコ・タディチがいかなる資格においてもオマルスカやケラテルムの収容所にいたことはなかったと知っていた。私は、生き延びた被収容者と良い関係にあった。彼等の多くがサンスキ・モストに戻って、私とコンタクトを持っていた。彼等は、ドゥシコ・タディチが収容所にいたことはなかったと私に語っていた。ドゥシコ・タディチは、逮捕された。真犯人達と命令者達は、自由に出歩いており、何人も責任をとらない。ハーグは公正に働いていない。」（七七頁）（四ページに及ぶ証言の中で、ドゥシコ・タディチに関する部分のみを紹介。岩田）

29. 協力者

私は、一〇年後にハーグの国連拘置所でケラテルム収容所元看守ドシェン・ダミルから収容所やコザラッで起きた諸事件のそれまで知られていなかった詳細を話された。（七八頁）ハーグ法廷の検察当局に協力して、ドシェンは、コザラッで一九九二年五月二七日に起こった衝突時の諸事件への自分の関与に沈黙した。それについて後になって「プリェドル警察予備役として五月二七日にコザラッにいた。……」と語った。法廷との協力の故に形式的に裁かれるだけで、ドシェン等はすぐに釈放され、ボスニアに帰れた。他方、コルンジヤ等がヨーロッパ中の牢獄に入れられることになった。（七九頁）

30. セルビア人女性の被収容者

証人「JP」のオマルスカ収容所体験の証言を紹介する。

「私は、オマルスカ村のセルビア人女性だ。一九九二年六月一八日午前九時に連行された。私と内縁の夫のイゴル・コンディチが逮捕されたのは、シモ・ドルリャチャ等地位あるセルビア人達がムスリム人に武器や煙草を非合法に販売していたことを知っていたからだ。一九九二年八月六日に『トルノポリェ集中センター』に移送されるまで、オマルスカ収容所内のいわゆる『白い家』に収容されていた。」（八〇頁）

「ジョン・リヴィングストン弁護士からエミル・カラバシチ、ヤッコ・フルニチ、エンヴェル・アリチ、フィクレト・ハラムバシチの運命について問われた。彼等の事件については、私がオマルスカに連れて来られる二、三日前、それが起こった当日に何人かの警察官から、特に警部バトから聞かされていた。（八一頁）警察は、収容所内の犯罪を公然と自慢していた。エミン・ヤクポヴィチにハラムバシチ等を性的に虐待するように命令が下されたと聞いている。Ｚ、ドラガン・ルキチ、ミレンコ・ストイニチ等のグループがその事件に責任があると聞いていた。同じグループがヤッコ・フルニチとエンヴェル・アリチを散々に殴打したとも聞いていた。私がオマルスカに入れられてから、両人を見ることはなかった。すでに殺害されていたからだ。」

「警官バトからこの事件について以前に聞かされていた。ところである時殺されたヤッコ・フルニチのネックレスをＺが身につけているのを見た。そのネックレスは、実は私の物なのだ。私とイゴルが車を買った時、借金の抵当として、戦前のことだが、ヤッコ・フルニチに預けておいたのだ。スウェーデン女王の肖像がついたものだ。後になって、Ｚに返せと言ったら、拒否された。オマルスカでヤッコが殺されたと云うニュースの直後、私は、Ｚと彼の一党がヤッコの赤い車『ホンダ』を乗りまわしているのを見た。Ｚとルキチを小さい頃から良く知っている。近在の村の者だったから。私がオマルスカにいた間、殆ど毎日彼等を見ていた。私は、明確に言明します、私が収容所に収容されていた期間タディチを一度も見かけなかったし、ドゥシコ・タディチがそこにいる事をどの看守からも聞いたことがない、と。カラバシチ、フルニチ、アリチ、そしてハリへの殴打・虐待に関して人々から聞き知った事を通して、Ｚと人違いされていると確信する。Ｚは、タディチと同

じようなほお髭、あご鬚をしていたからだ。」（八二頁）

31. 看守「クルカン」

「クルカン」と通称される警察官ムラジョ・ラディチは、一九九二年夏にオマルスカ収容所で任務についていた事を決して否認しなかった。収容所が解散され、そこでの諸事件の調査が始まった時以来、看守職の者達は、プリェドル警察トップのヤンコヴィチの絶えざる圧力の下におかれた。一〇年（?。岩田）後、ラディチは証言した。

「1．ドゥシコ・タディチを個人的に知っている。しかし彼のサークルとの付き合いはなかった。2．リゥビヤとオマルスカで警察官として長年働いて来たので、そこの住民をかなり良く知っている。Zやドラガン・ルキチをも良く知っている。オマルスカ収容所に彼等が来ていた時に彼等を見た。しかし、誰の命令かは知らない。3．収容所を訪ねる者は、すべて公式の身分証明書か、管轄当局の許可証が必要だった。4．（省略）。（八三頁）5．ルキチとZが私の知らない人達と一緒の所を収容所で何回も見かけている。ドゥシコ・タディチがこれらの者達の仲間にいなかった事、オマルスカ尋問センターにやって来なかった事を確信している。6．私達は、事件が起きないように全力を尽した。訪問者達は、各種の銃器で武装しており、時として事件発生を防ぐことが出来なかった。7．（省略）。」（八四頁）

デン・ハーグ　一九九九年　M・ラディチ

32. 地獄の第9門

詩人、ジャーナリスト、被収容者、プリェドルで最も尊敬されていた住人の一人、レザクは、オマルスカ収容所に関する最初の書物『地獄の第9門』を書いた。そこで行われた虐待に関する記述のどこにも私の名前に言及していない。私が関与したと執拗にハーグで告発する他の囚人達の証言と全く対立する。私の弁護士リヴィングストンに与えた証言でレザクは次のように語った。

「ボスニア・ヘルツェゴヴィナ、クリゥチ・オプシティのドニヤ・サニツァに一九四九年に生まれた。ベオグラード大学を卒業し、『ラジオ・プリェドル』と地方新聞『コザラ報知』の記者として働いた。一九九二年五月まで記者、詩人として働いていた。ドゥシコ・タディチの長兄ストヤンとは、三〇年来の友人であった。一九九一年末か一九九二年初にドゥシコ・タディチのカフェバー『NIPON』にかよい始め、一九九二年四月までに一〇回から一五回ほどおとずれた。四月二八日にセルビア人がプリェドルの権力を掌握してからは、一回も行っていない。（八五頁）タディチの店の客達は民族的に様々で、セルビア人、クロアチア人、ムスリム人。コザラッは大多数がムスリム人の町だ。ドゥシコは、私の前でムスリム人について侮蔑的言辞をはいたことはなかった。ムスリム人を『バリイェ』（ムスリム人への蔑称。岩田）と呼んだこともなかった。そんなことがあったら、彼の店へ行かなかったろう。政治について語り合ったこともなかった。最後に合ったのは、三月か四月、衝突の前だった。黒いほお髯、あご髭をしていた。一九九二年五月三〇日に逮捕され、プリェドル警察署、次いでオマルスカ収容所に閉じ込められた。収容所にはセルビア人女性ヤドランカ・ガヴラノヴィチと同棲相手イゴル・コンディチがいた。」

　ハーグ法廷の裁判官達が異常に信頼していたセナド・ムスリモヴィチについて以下のように語った。

「私の親友のフォーク歌手ハリド・ムスリモヴィチの弟（あるいは兄）だから知っている。私たちは自分達の受けた暴力・殴打について話し合ったが、彼は、誰が殴ったか、名前を決して出さなかった。」
　1、「セナド・ムスリモヴィチは、ドゥシコ・タディチが自分の髪の毛を引っ張ったと貴方に言いましたか。」「ドゥシコ・タディチに言及した事は全くなかった。彼が自分の髪の毛を引っ張ったとも言っていなかった。」
　2、省略。3、省略。4、「トラックのタイヤに押し付けられて、ドゥシコが自分を血まみれになるほど殴打したと貴方に語りましたか。」「ノー。」5、省略。（八七頁）
上記すべてを陳述した後で、レザクは最後に付け加えた。

「オマルカス収容所に収容されていた間に、私がドゥシコ・タディチを見かけた事は決してなかった。ある日私の房に黒い外套、黒い帽子の男が入ってきた。黒いゆたかなあご髭、ほお髯をし、手にナイフを握っていた。彼の弟（あるいは兄）がムスリム人に殺られた、お前等全員を殺してやると叫んだ。彼はドゥシコ・タディチに似ていたとは言え、ドゥシコではなかったと完全に確信している。しかし、彼が誰かは知らない。」「私は正義と真実のためにこの証言をする。自らの署名をし、真実を語ったと立言する。」

ロンドン　一九九八年　レザク

33．路上拉致

ドイツ秘密警察は、監視カメラや通報者を用いて一カ月ほどミュンヘンにおける私の行動を追跡していた。一九九四年二月一〇日午前、私が兄の店に一人でいた時、私服の警官が数人やって来て身分証明書の提示を求め、通常のコントロールだと言った。（八九頁）
（標題「路上拉致」は本文にそぐわない。「34、流血」とひと続きの文章。岩田）

34．流血

二月一二日一〇時頃、近所のカプチネル・シュトラーセを歩いていた時、襲撃が起こった。（九〇頁）六人の男が攻撃し、コンクリート舗道に私を押したおし、あっと言う間に車の後部座席に押し込んだ。手錠をかけた。（九〇頁）
「諸君は誰だ。どこへ連れて行く。」
「貴方はドゥシコ・タディチか。」
「そうだ。」
「そうか。それなら万事ＯＫだ。我々はドイツ警察だ。」かくて、汚れた留置場に押し入れられた。（九一頁）
一九九四年二月一三日午後、留置場の房のドアが開き、看守がきいて来た。「お前はタディチ

か。」「そうだ。」「今日裁判所の事務官と話すことになる。」（九二頁）

35. 虚偽の告発

二人の看守がやって来て、取調書類を作成する部屋へ連れて行った。身長、体重を計り、指紋をとり、顔写真を数枚とった。全部で三〇分ほどだった。それから、四平米より大きくはない房にほおり込まれた。ずい分長く放置された。鉄の扉がぎしっと開き、警察署玄関近くの房へ移された。ドイツ裁判所の事務官とクロアチア人中年女性の通訳がやって来た。「私はアニタです。私が通訳することに同意しますか。逮捕命令を通訳したいのです。」「同意する。」（九三頁）

アニタは、ドイツ連邦裁判所の裁判官が発行した逮捕状を訳し出した。そこには私がセルビア国民であると記されていた。ところが何年も経って、ドイツ権力は、セルビア国籍への私の権利を否認して、私がただボスニア・ヘルツェゴヴィナ国民にすぎないと固執した。

逮捕状には、私がジェノサイド共同関与罪で訴えられており、異なる諸民族と異なる諸宗教の市民約二五万人の殺害を支持し、殺害に参加し、オマルスカ強制収容所のセルビア人警官として一九九二年七月に「セルビア人の他民族殺害者達」の命令を実行した、とあった。

逮捕状には、「ドイツは、刑事訴追をする権利がある。容疑者は、わが国に数か月おり、ここで労働をして身を養っている。ここで普遍的法原理に従って拘束される。正義からの逃走の恐れもまた逮捕事由である。自由であったならば、カナダか他の国へ出国しようと容疑者は計画していた。」

ミュンヘン　1994年

逮捕直前のタディチ　ドイツ警察の盗撮

とあった。ドイツ捜査判事は「タディチにとってセルビアへの逃亡が起訴から逃がれる最も楽なやり方であろう。」と言った。

わずか数カ月ほど前、私はセルビアにいた。そして大変な苦労と難儀をして、やっと出国でき、ドイツへ来られたと言うのに。

36. 牢から牢へ

それからの七日間は真の悪夢であった。無情な裁判官僚制の鉤爪にかけられていた。まるで玩具のように私は牢から牢へ移された。新聞もテレビも拒否されて、誰が何故に私の生命をもてあそぶのか分からなかった。

カフカの『審判』の主人公になったようだった。小説はこうはじまっていた。「誰かがヨーゼフ・Kを中傷したにちがいなかった。何もしていないのにある日逮捕された。」私もドゥシコ・Tを誰が中傷したか知らなかった。

七日目に私の冬物入りのスーツケースがとどいたと知らされた。翌日看守が来て「タディチ！用意！　聴取に行け。」と呼んだ。私は嬉しかった。家族とミュンヘンの領事が私の無実を証明してくれて、すぐに釈放されると想った。ある広間へ連れて行かれた。そこでは三〇〇人ばかり囚われの人達が最初の取調べを待っていた。一〇〇平米ばかりあった。(九五頁) 広間の照明は弱く、囚人達の顔をよく見分けられない。三〇〇人に一つのトイレだった。白人、黄人、黒人と様々の人種がいた。一日中待って、私の名前が呼ばれ、当番判事は、逮捕の理由を述べ、カールスルーエの連邦検察局の要請で翌日そこへ護送されると申し渡した。

一九九四年二月二〇日、警察車輌の後部座席に手錠のまま座らせられた。ミュンヘンの外へ向った。数人の武装警官が一緒だった。しかし、ある種の希望が湧いて来た。この悪夢はまもなく消えて自由になれるだろうと信じた。私に負わされた罪状は全く身におぼえがなかったからだ。その事はすぐに明らかになり、逮捕したのは、ドイツ警察の粗雑な誤りであることが示されるだろうと信じた。（九六頁）

ヘリコプターが待機していた。投げ込まれ、足を座席にしばりつけられた。手錠もはめられたままだった。ヘリコプターには二人の警察官が同乗していた。一人は、ミュンヘンで私を逮捕した男だ。六時間飛行してカールスルーエに着いた。ドイツ連邦裁判所の巨大な建物の近くだった。（九七頁）ある建物の六階の事務室で連邦検事と通訳の到着を待った。通訳がやって来た。アルバニア人であった。一〇分後に検事がやって来た。

「ドゥニチなる人物を知っているか。」

「知ってる。」ドゥニチは、私達家族の友人で、長らくミュンヘンで働き、名声と財産を築いていた。

「その紳士がミュンヘンのボシとウフェル両氏をあなたの弁護士としてやといました。彼等があなたを弁護する全権委任に署名しますか。」

私は嬉しかった。外国で誰かが私のことを考えてくれている、私は一人ぼっちではない、と。

「弁護士のボシ氏とウフェル氏が私の全権弁護士となることに同意します。」

検事は、電話の受話器を差し出した。手錠のままであったが、どうにか受話器を耳にあてると、(九八頁)ウフェルの声がして、言った。「タディチさん。彼等と一切話をするな。私の次の指示を待て。」ドイツ検事との話は終了した。(九九頁)

37. いつも手錠つき

その後近くの牢獄へ入れられた。幅二m奥行三mの房だ。金属製ベッド、小さなタンス、さびついた放熱器、裸電球、錆たくぎで打ちつけられた窓、鉄格子…。世界で最も金持の国の牢としてはまことに貧弱。

電球を消そうとした。消えない。看守は、そっけなく言った。「電球は昼も夜もつけっぱなしだ。それが規則だ。」(一〇〇頁)

38. 散歩もなし

ミュンヘンの通りで逮捕されて以来はじめてシャワーを使った。「五分間だ。」と言われた。(一〇二頁)シャワーをあびている時、私を浴室へ連れて来た女性看守が私を見守っているのに気付いた。いぶかしげに彼女を見ると、何も言わずに片手をふっただけだった。多分拘置所の規則なのだろう。

二ヶ月間カールスルーエの監獄にいた。その間、散歩や外気にあたることを許されなかった。ある朝再びミュンヘンへ戻された。カールスルーエからミュンヘンへの移送は、ミュンヘンからカールスルーエへの場合と全く同じやり方だった。私服を着て、ヘリコプターと護送車でミュンヘン近郊のシタデルハイム監獄へ。（一〇三頁）

39．完全な監視

ミュンヘン近郊シタデルハイム監獄、囚人服に着替えさせられ、四階の特別房に入れられた。そこは世に知られた房で、あのテロリスト組織「赤い旅団」（これはイタリアの極左組織の名称、バーダー・マインホフの「ドイツ赤軍」と混同しているかも。岩田）のメンバーが閉じ込められていた所だ。（一〇四頁）

この房には扉が二つあって、一つは本物、他の一つは偽装であった。誰も逃亡できないようにする為だ。居住設備も監視設備も十分な部屋だった。「赤い旅団」と「バーダー・マインホフ」集団の房は、広く、あたたかく、以前に私が入れられたどの房よりもずっと清潔であった。二ヶ月ぶりにはじめて深い眠りについた。すると強烈なライトが私の顔にあびせられた。監視用のガラス壁の向う側に看守がランプを持って立っていた。身ぶり手ぶりでたずねると、「通常のコントロールだ。」

後になって知るのだが、看守は夜中何時でも目ざめさせるやり方で私をコントロールし得るので

ミュンヘン近郊シタデルハイム監獄

あった。（一〇五頁）

40．足枷の重荷の下で

一九九四年四月、ミュンヘンのセルビア人達は、私の釈放を求めてデモをした。私の弁護費用カンパも行われた。しかし、期待された効果はなく、八ヶ月以上が過ぎた。弁護士達は、ムスリム人証人達による私への告発のどれ一つとして裁判開始前に反駁することが出来なかった。

兄ムラデンと彼の妻スザナの行為に激怒した。カンパの五万マルクを私の弁護にあてず、全額自分の手元においた。弁護士ステファン・ウフェルと協力者達に債務を負ったたまま、ドイツからボスニアに逃げてしまった。私は、一人ぽっちにされ、金もなく弁護もなく無力であった。西側では金額分の音楽しかないのだ。（一〇六頁）

捜査判事は、「今日まで刑罰をうけたことは？」と

最初の取調べ時のタディチ　シタデルハイム監獄 1994年10月18日

きいた。

「ない」

「証人達は、Ｂ・ｉ・Ｈ戦争以前、あなたはムスリム人があなたの店へ来ることを禁止していたと証言しているが。」

「それは嘘だ。健全な論理に合わない。彼等が私の店の主なお客さんだったのだ。コザラッの町の九五％がムスリム人なのだ。」

「証言によると、あなたは、コザラッ攻撃と占領に積極的役割を果していた、とあるが。」

「コザラッ攻撃は、五月二四日だ。その時、私は、バニャルカの家族の所にいた。」

「一〇人の直接目撃者が証言するには、あなたは、オマルスカ収容所に居て、囚人達が性器をおたがいに傷付け合うように強制したそうだが。」

「オマルスカ収容所に一回も行ったことがない。」

「とすると、どうして、証人達は、あなたをそこで目撃したのだろうか。」

「二つの可能性がある。一つは、証人達が嘘をついている。もう一つは、人違いだ。」

「人違いと言われるが、その意味は何だ。」

「私の所為とされている犯罪が実際に起こったかぎり、私の存在を利用した人物がおそらくやったのだ。真の実行者をかくす為に私を利用したのだ。オマルスカ収容所安全管理職員の誰かがこんな偽装を行ったと私には思われる。プリエドルのセルビア人警察の誰かが私にぬれぎぬを着せたという可能性もある。」(一〇七頁)

「人違いと言われる時、あなたの兄弟の誰かと。」

「ノー。私が一九九三年に聞き知った所によると、オマルスカ収容所に私達と間違われるくらい良く似た人物がいた。」

「別の一一人の証人達もあなたがオマルスカ収容所にいたと証言できるし、彼等は、あなたに責任がある他の犯罪についても証言している。」

「オマルスカ収容所にいたことはない。そこで任務についたことはない。私がオマルスカについて知っている事すべては、新聞と証人達の話による。」

「トルノポリェについて、そこであなたを見たという証人が五人いる。」

「トルノポリェには五回行った。私がそこに行った時、誰でもが自由に出入り出来ていた。誰かが力で閉じ込められていたと言う印象がなかった。一九九二年一〇月にトルノポリェにいた。国際赤十字チームの訪問を警察官として警固していた。ムスリム人難民達がクロアチアのカルロヴァツ経由で西欧諸国へ移送されていた時だ。」

「ケラテルム収容所にいたと言う証言については。」
「そこに一度も行ったことはない。」

一九九五年初、ドイツ検察は、私の精神鑑定を要請した。私の心に高度の攻撃性、サディズム、精神分裂症がある、としたいのだ。そうなれば、私の所為とされた諸犯罪の怪物性を検事が裁判で立証し、説明しやすくなると言う訳だろう。精神鑑定に応じた。そんなリスクにかけることにした。私自身について真実を証明する唯一の方法だったから。（一〇八頁）

41. 強い痛み

それから十日間、緑色の警察車が私をシタデルハイム監獄からミュンヘンのゲーテ・インスティテュートへ運んだ。朝早く出て、午後遅く帰った。ゲーテ・インスティテュートの中庭で手錠のほかに足錠もかけられた。一歩一〇センチずつしか歩けなかった。エレベーターがあるにもかかわらず、階段を徒歩で行かねばならなかった。また、数キロある防弾チョッキを着せられていた。ゲーテ・インスティテュートの四階から降りるのは、もっと大変だった。階段の一段一段で足錠が肉にくい込み、激痛が走った。

ドイツ最高の精神鑑定専門家のネドピル教授があらわれた。（一〇九頁）鑑定の結果、私が健康でノーマルな人間であると判った。ドイツの検事は、期待した結果を得られなかったが、私もそれから利得を得られなかった。後になって、私が精神的にノーマルであると言う事実は、ハーグ国際法廷で私にとってつらい事情となる。

一一月中旬ドイツ連邦検察は、私を起訴した。ナチスに対するニュールンベルグ裁判以来、私は、ヨーロッパで、戦争犯罪で訴えられた第一番目の人間となった。裁判に市民的服装で出廷する権利があったとは言え、それは許されず、囚人服のままであった。弁護士ウフェルとは数ヶ月会ったことがなかった。彼もここにいる。彼は、自分がメディアに露出するチャンスをのがしたくなかった。一般傍聴人なし。審理は短かった。しかし、法廷は満員だった。数十人のドイツ人ジャーナリストが「コザラッツのアイヒマン」を見に、聞きに、写真をとろうとやって来た。これほどの大犯罪者がついに姿を見せたことに熱狂をかくさなかった。私が法廷から連れ出される時、第七権力の代表者達の中には非道な侮辱を与えた者もいた。鎖をとかれて、けしかけられた犬共のようにきゃんきゃんほえた。（一一〇頁）

42. 目隠しされて

新設の旧ユーゴスラヴィア国際刑事法廷が私に関心を示し始めると、ドイツ検察は、私のハーグ送付を阻止しようと努力した。ドイツ人達は、何が何でもドイツの裁判所で私をジェノサイドの罪で裁くことを望んでいた。（一一一頁）しかし、私は、彼等の粗野さを肌で知っていた。ハーグ法廷は、もっと客観的かも知れず、私の無実を証明するより多くのチャンスがあると考えた。

一九九五年一月、オランダの弁護士ミハイル・ヴラディミロフと話し合った。十月革命の時ロシアを逃げた白系ロシア人の子孫だ。シタデルハイム監獄に私を訪ねて、私の弁護を申し出た。私のおかれている状況を世に知らせてくれて、私に好印象をいだかせた。一九九五年三月一日、ハーグ法廷が私を起訴したと言う知らせを受け取った。国際人道法違反の罪であった。私はヴラディミロフを弁護士として提案し、法廷はそれを受け容れた。ドイツ司法は、とうとうハーグ国際法廷の圧力に屈した。

一九九五年四月一〇日、ドイツは、国際法廷との協力法を採択した。「タディチは、ドイツ連邦検察によって起訴されていたとは言え、ハーグ法廷に引渡される。彼のケースは、歴史的に特異であるが故である。」しかし、ドイツ検察官は、協力協定を一方的に無視して、何回か私をミュンヘンの裁判所へ連れて行った。

43. 不透明な眼鏡

一九九五年四月二四日、ハーグへ向けてドイツ警察のヘリコプターで飛んだ。手錠のまま、足を座席の金属部分にしばりつけられた。国境近くに着地して、オランダ警察に引渡された。不透明な眼鏡をかけさせられ、（一一三頁）くもりガラスの車で数時間かけてシェヴェニンゲン拘置所についた。収容された建物は、最新の設備が設けられ、すべてがテレビカメラの監視下にあった。（一一四頁）

44. 檻

建物の中に私達が「ケイジ」と呼ぶ幅三m奥行き五mの空間があり、四方が鋼線で囲まれている。野獣の檻に似ている。そこはバスケット付きの板があって、常にバスケットボールが一つずつ置いてあった。また大きな明るい空間が囚人達の社交用であった。その一角が台所。それはシェヴェニンゲンにおける快い休息の一隅であった。

到着すると、医務室でファルケ医師が通例の診察をした。体重七六キロ、逮捕の日からシェヴェニンゲン来着までに二〇キロ減っていた。囚人服一式、つまり青いジーパン、黄色下着、青黄の短いジャケットを受けとった。私物、つまり法文書、私文書、二冊の辞書、聖書、ボールペン、……等を持ち去り、受領書を渡された。看守達は、私に手錠をかけ、エレベーターで二階の第一一一号房へ連れて行った。房では手錠をはずされた。疲労困憊しており、丸太の如く眠った。（一一五頁）

45. 証人へのアクセス困難

人は、私をハーグ法廷の「モルモット」だと言う。その通りだ。シェヴェニンゲン国連拘置施設で非常に長い間私一人だけが囚人だった。拘置所の管理官スウェーデン人アンデルセンに私物を房内に持ち込めるように頼んだ。（一一六頁）セルビアからのニュースが聞きたかったので、トランジスターラジオが是非必要だ。ハーグ法廷書記からの回答は、次の如し。「安全上、八個バッテリーのトランジスターは、房内で使用不可。そなえ付けラジオの使用可。テレビ受像機借用可。安全上、私物の櫛は不可。安全基準にかなう歯ブラシと櫛を管理官に要求可。私物のネスコーヒーを返却する。但し、小さなプラスチック・ケース入りに限る。ガラス容器入りは不可。あめ玉やビタミン剤の包装の質が確認出来ず、故に返却不可。ひげそり用ローションはガラス容器からプラスチック容器へ移し替える条件で返却可。」

妻と兄リゥバに週一回電話可、一〇分以内。月に一回母スタカに電話可。平日は弁護士のミハイル・ヴラディミロフとミラン・ヴゥインへ電話可。但し通話は録音される。

セルビア人ジャーナリスト等の最初の頃のインタビューで弁護士ヴラディミロフが法廷との関係を闘争と呼んでいる事を知った。（一一七頁）

（45の標題は次の46と47に関係している。45の本文とは無関係。岩田）

46. 犬と猫の間で

（ここは弁護士チームがセルビア人共和国の西部に現地調査に入った時に、現地でジャーナリストのインタビューを受けた時の記録である。ジャーナリストが現地人か西欧人か、メディアが現地のメディアか西欧のメディアかも記されていない。弁護士ヴラディミロフの発言であって、ドゥシコ・タディチのそれは全くない。それ故大部分を省略し、最後の部分、弁護士がハーグ法廷のシステム的欠陥を突く所のみを紹介する。岩田。）

「弁護をどのような仕方で実行するのか」

「専門家の支援を我々によこすように法廷に六、七ヶ月要求して来た。そのほかにも問題がある。法廷規則は、検察に有利でかなりの程度弁護に不利だ。（一一九頁）検察は、資金が豊富で弁護側よりも多くのスポンサーがいる。裁判というものは、するべきことをするノーマルな機関がある場合にのみ可能なのだ。ハーグ法廷は国家ではない。だから当地にどんな機関も持っていない。セルビア人共和国は、法廷を承認していないし、我々を助力することが出来ない。我々は、中途半端な位置にいる。我々の証人は、全員セルビア人共和国内に住んでおり、告発側の証人は、全て旧ユーゴスラヴィアの外に住む。検察は、はるかに容易に証人達にアクセス出来る。法廷は、当地ではいかなる権力をも有しておらず、決定を実行できない。我々は、すべてを自分達だけでやらねばならず、それは、異常に困難なことである。ドゥシコ・タディチに公正な裁判を保証する努力をしているが、すべてがそれに不利だ。我々は、彼地においても当地においても権力と大問題をかかえている。オランダでは犬も猫もおまえにかみつくと言うことわざがある。」（一二〇頁）

47. 特別な警護

そうこうするうちに、ハーグ国際法廷主ホールで開かれた審理に何回か出た。拘置所の一階でまっぱだかにされ、私服にきかえた。シャツの上から五〇キロもある防弾チョッキを着せられた。

両手を身体の前にして手錠をかけられた。（一二一頁）裁判所までは毎回暗色大眼鏡。不測事態を避ける為、車は五つの異なる方向を選んで走った。

被告席は特製の厚い防弾ガラスでかこまれていた。何十人の映像ジャーナリストが世界各地から来ていて、何分かの撮影を許されていた。「セルビア人のアイヒマン」の姿をとりまくり、世界に発信するのだ。耐え難かった。飢えたハイエナにくわれている死肉の気分だった。法廷書記にこんな虐待をやめるように訴えた。「所長アントニオ・カセッセが許可したことだ。変更は不可。」

ハーグ検察は、全力で働いていた。次から次へと新証人の証言が出て来て、どんどん重い罪状が付け加えられて行った。一九九五年末までに私の起訴状は二倍にふくれ上った。私は、誰が何故に私を告発するのかを注意深く分析した。八〇％がドイツに逃げたムスリム人であった。全員が私に不利に嘘を突く強い理由があった。タディチに不利な証言をすると、ドイツ永住許可が得られると約束されていた。（一二二頁）証人本人にだけでなく、家族に対しても。

証人達の大部分は、検察が私の所為にした犠牲者達と遠近の親族関係にあった。私は、苦境に陥った。第一に、検察は、私にそれら証人達の信頼性を問題にすることを許さなかったからだ。第二に、私は、オマルスカやケラテルムで何が起こっていたのか全く知らなかったからだ。

事実に基づいて、私のアリバイを証言できるのは、セルビア人共和国やセルビア共和国からの証人達であった。しかし、両国の政府は、耳をふさいで、助けるのではなく、邪魔をした。私を守り得る証人達に弁護士がアクセスするのを様々に邪魔した。多くの人々は、タディチ裁判が多くのセルビア人に対する新しい追及と起訴に到る出発点にすぎない事が分っていなかった。車（ハーグ法廷という車。岩田）は、タディチにぶつかって、こわれて、私の裁判の終了をもって、ハーグ法廷は、その仕事を止めるだろう、と信じ込んでいた。読みそこないだった。（一一三頁）

48. 彼等は少しも努力しなかった

一九九五年四月初、駐オランダ・ユーゴスラヴィア大使が面会に来た。大使は、ヴラディミロフのほかにミラン・ヴゥイン弁護士（ベオグラード）をやとうように示唆した。更にバニャルカの弁護士シミチも私の弁護チームに参加した。（一一四頁）

検察は、私を追及する証人達を一五〇人ほど用意した。私は、セルビア（ベオグラード）とセルビア人共和国（バニャルカ）の両弁護士が私の側で証言してくれる十分な数の証人を見付け出し、虚偽の非難を反証してくれるだろうと期待した。ところが、彼等は、現場における調査結果を明るみに出すよりは、隠すようにつとめた。私を弁護すると言うより、プリェドルとバニャルカの政、軍、警の要職者達がハーグ法廷起訴リストにのらないように配慮した。ハーグは、民族的に純粋なセルビア人共和国を創る為の戦争で私がなしたとされる怪物的犯罪の故に私を起訴した。セルビア人共和国は、私を裏切者、脱走者として拒絶した。プリェドルの公安部長ドゥシャン・ヤンコヴィチは、私が第5コザラ旅団の兵士として二〇日間陣地にいたが、三回前線から逃亡し、警察が力づくで私を前線に連れ戻したと表明した。一九九四年二月の逮捕以来、プリェドルのメディアは、私

を注目に値しない卑怯者として描いていた。(一二五頁)

49. 価値ゼロの約束

私の親族も亦、私のイメージ作りに参加して、語った。「ドゥシャンは、空手家としては立派だが、戦士としては全く駄目だ。恐怖をかくしたことがなく、子供のように戦闘をこわがった。ドイツ警察が戦争犯罪のかどで彼を逮捕したのだったら、間違った人物をつかまえたことになる。」

二〇年禁固刑が宣告された時、ハーグ法廷控訴院は、一九九八年二月、これまでアクセス出来なかった証人達と証拠への接近と証拠文書のコピーを弁護団に許可するように、セルビア人共和国政府に対して要請した。控訴審は、私が属する国家の非協力から被告の私を守ろうと努力したのだ。セルビア人共和国の女性大統領ビリャナ・プラヴシチは、タディチ裁判で必要なすべての証人と諸文書に関する協力を約束した。しかしながら、(一二六頁)かかる約束は、プリェドルの有力者連中にとって何の意味もなかった。価値ゼロの約束だった。

一九九二年に戦争が勃発するまでボスニア・ヘルツェゴヴィナ(BiH)最高裁判事で一九九五年五月から一九九六年末までセルビア人共和国法相であったマルコ・アルソヴィチによる証言が事情を伝えている。

「法相を務めていた時、タディチ裁判について情報を得ていた。私は、タディチ氏に公正な裁判が保証されるべく、弁護に必要な証拠材料を発見・収集する上での支援が必要であるとの立場をとっていた。」
「セルビア人共和国閣議において私の立場は、少数派であった。当時の国防相ドラガン・キヤツ等多数派は、タディチが脱走兵であり、裏切者であって、多くのセルビア人に憎まれており、我々が支援するに値しないと表明した。私は、一九九六年六月にハーグへ行き、タディチを含むセルビア人囚人達に会い、弁護士ヴラディミロフから弁護材料や証人を発見する上での諸困難を告げられていた。主要な障害は、当時のプリェドル警察署長シモ・ドルリャチャ達である事も告げられた。私は、大統領ビリャナ・プラヴシチと弁護士ウラディミロフの会合を設定し、そこに私も出席した。弁護士の苦言を聴いて、大統領は、ドラガン・キヤツを呼びつけた。彼女は、弁護団に証拠収集上あらゆる支援をするように指示した。キヤツは同意した。しかし、実際は何もしなかった。キヤツは、タディチ裁判について何も理解していなかったからだ。」（一二七頁）
「シモ・ドルリャチャは、プリェドル・オプシティナにおいて戦争中に不可侵の権力を獲得していた。私が知る限り、ラドヴァン・カラジチ博士（ビリャナ・プラヴシチの前のセルビア人共和国大統領、現在ハーグ法廷で裁判中。岩田）からタディチ氏弁護に助力せよとの命令書を受けとった時も、外見上同意したが、何も行わなかった。」（一二八頁）

50. シモ・ドルリャチャの権力

元B・iH最高裁判事、元セルビア人共和国法相は、証言を続ける。

「プリェドルの全権的警察署長は、一九九二年にプリェドルで、特にオマルスカ、ケラテルム、トルノポリェで起こった諸事件を良く知っていた。タディチ弁護の証人リストから関係する人物を抜き出すことも容易に出来たろう。私の絶対的確信であるが、ドルリャチャは、彼に『情報提供上の忠告』を与えたであろう。注意深く『練られた』話だけをするように忠告したであろう。」

「セルビア人のコザラツ攻撃時にタディチがコザラツにいなかったこと、諸収容所にいなかったことを証言するのは、許容範囲だったろう。しかし、誰がコザラツでムスリム人警官二人を殺害したのか、オマルスカ収容所で誰が囚人達を虐待したのか、それを語るのは、完全に許容外であったろう。収容所内で行われた囚人達の性器の相互損壊について語ることは、誰にも許さなかった。そんな事態が起こったことを否定する。それが彼の立場だ。」（一二九頁）

51. 判事への脅迫

アルソヴィチは、続ける。

「証人達は、『許容された』話しか弁護士に語らなかった。脅迫は成功したのだ。私が語ったようにドルリャチャ氏が行動したことを私はどこから知ったのか。私は、司法省の職員にこれらの事柄について報告するように要求した。そして情報を得た。私は、ドルリャチャ氏を呼び出して会った。彼は、すべてを否定した。

一九九五年のプリェドル市におけるムスリム人市民殺害の捜査中にも同様の脅しやマニピュレー

ションがなされた。プリェドル警察に嫌疑がかけられた。ミチョ・クレチャ判事が担当したが、シモ・ドルリャチャが数人の警官をつれて、裁判所にやって来た。彼は、武装しており、調査を中止しなければ殺すぞと脅迫した。判事は、うまく逃げたけれど、後になってプリェドル警察官の一人が判事の女性書記を殺害した。この事件は、バニャルカに送付されねばならなかった。プリェドルではシモ・ドルリャチャの力が強くて、捜査できなかったからだ。」(一三〇頁)

アルソヴィチ判事は、私の弁護士ミラン・ヴィインがセルビア人共和国司法相の彼に一回もコンタクトをとっていない事実に注意を向けて、次のように意見を述べた。

「ヴィインが弁護証人となりうる人々のリストをシモ・ドルリャチャに渡していたことが事実とすれば、それは、彼が私を避けた明白な理由となる。これは、彼がタディチ裁判でドルリャチャと同じ立場を取っている事を示す。証人聴取をプリェドルで警察の臨席の下で、あるいは警察の助けをかりてやろうと提案した事とも符合する。ドルリャチャが弁護士ヴィインにこのような立場を押し付けること、それは可能だった。」(一三一頁)

52. 命令は実行されなかった

ハーグ法廷控訴院は、私の弁護チームが証人にアクセス出来、証拠物件を閲覧出来るようにせよと言う命令を一九九八年二月二日付けでセルビア人共和国政府に発した。そこで、一九九八年三月九日にセルビア人共和国政府は、内務省とプリェドル公安センターに以下の書面を送付した。

「セルビア人共和国政府は、プリェドル公安本部に以下のことを命ずる。弁護士ミラン・ヴゥインとジョン・リヴィングストンに証言聴取を可能にすること。ドラガン・ヴゥチェト、モムチロ・ラダノヴィチ、…、…、Z（ここに彼の本名あり。岩田）、ドラガン・ルキチの身分証明書及び運転免許証に関する諸文書を彼等二人に発行すること。政府は、国防省、プリェドル軍区に命ずる。この命令書に列挙された三八人全員に関する諸文書を発行すること。この命令遂行に関連する諸困難すべてについてただちに首相に報告せよ。」

セルビア人共和国首相　ドディク・ミロラド（一三二頁）

53．額へ弾丸を

私の弁護団の捜査員二人、ブランコ・ドラジチとミオドラグ・コスティチがプリェドルにおける調査からベオグラードに戻って出した報告書は、ハーグ法廷裁判院に提出された。（一三三頁）そこには、シモ・ドルリャチャ自身の彼等への応答がのせられている。

「私と公安本部は、ドゥシコ・タディチが三収容所に一九九二年五月から一九九二年末までの期間出入することが出来なかった事を知っている。彼は、予備警察官としてオルロフツィで交通規制をやっていた。入所許可証を持ってなかったタディチが諸収容センターで犯罪を犯すことは出来なかった。しかし、私は、彼の弁護士が求めるこの地域の証人への聴取を許可しなかった。タディチは、ドイツへ逃亡したからだ。」

「この地域の証人は、私の同意なく証言できない。署長職から私を解任することは出来るだろう。そうなったならば、私は、この地域全体をクロアチアに合併させるだろう。私達は、倉庫に四六〇万トンの鉄鉱石を保有している。それをシサク（クロアチアの都市、製鉄所がある。岩田）へ運搬して加工するだろう。こうして金が入る。」

ボサンスカ・クライナの人民が地域の分離を許すだろうかとの批判に、ドルリャチャは、答えて、「人民に問うだって！　くそくらえだ。」と言った。

更に、タディチ弁護に全力をつくしていると強調しつつ、「私の許可なく弁護材料を収集する者は、額へ弾丸をくらうか、逮捕されよう。」と言った。

「私とアルカン（セルビアの犯罪者かつ義勇部隊組織者、ベオグラードのホテル『ユーゴスラヴィア』で暗殺された。岩田）がプリェドルを守り抜き、ノヴィグラド（プリェドルの西三一キロ、クロアチアとの国境の町。岩田）を解放したのだ。セルビア人共和国軍は、ノヴィグラドを見捨てたのだ。それ故に、分離して、トゥジマン（クロアチアの独立後初代大統領。岩田）と合併する権利が私達にある。」（一三四頁）

捜査員がシモ・ドルリャチャに会っている時、彼は、カラジチ（セルビア人共和国大統領。岩田）やミロシェヴィチ（セルビア大統領。岩田）への一連の軽侮を表明した。

かくして、私の運命とボスニア戦争に参加して、後になって無根拠のまま起訴された真の愛国者セルビア人達の運命とは、ハーグ検察側の虚偽証人達の手中に握られてしまった。（一三五頁）

54. 鋼線の檻

一九九六年二月初まで、ハーグ監獄の囚人は、私一人であった。それでも看守一〇人、医師一人、看護師(女)一人、管理者一人がいた。

六時起床。一〇時散歩・運動。但し、その前に身体の隅々まで検査される。検査後一階へエレベーターで降り、廊下を通り、「ケイジ」と呼ばれた鋼線の檻の中へ。手錠がはずされて、(一三六頁)看守は、バスケットボールをころがし、「お前等ユーゴ人はバスケが好きなんだろう。」バスケをやり、また「ケイジ」の中を歩く。新鮮な空気への出口、それが「ケイジ」だ。房に戻ると、各地からの手紙を読み、返事を書く。(一三七頁)

55. サルマは規則違反

一二時昼食。オランダの昼食は、インドネシア風で香辛料がきつく、バルカン人には奇妙な味。午後は、ムスリム人証人達の私への告発内容を分析研究する。そして一時間ほど空手の練習をする。

無性にサルマ(ユーゴスラヴィアの庶民料理、ロールキャベツ。岩田)が食べたくなった。看守に友人や家族からのサルマ差し入れを頼むと、規則で食料の差し入れは禁じられているとのこと。サルマ一個も駄目。しかし同情した看守が助言してくれた。「セルビア正教の坊さんが儀式をやりに

来る時、サルマが儀式用に必要だと獄当局に申請すれば良い。」（一三八頁）
一九九八年の正教クリスマス（一月七日。岩田）の前に、私は、「教区僧ドイチロが祭儀用にワインとサルマを持って来る。許可を申請する。」と願い出た。ＯＫが出た。ドイチロは、五〇個以上のサルマを持参した。私達は、儀式用サルマを嬉しく食した。同囚のクロアチア人キリスト教徒にも分けてあげた。（一三九頁）

56．たった一人の囚人

（タディチの独房生活の諸細則が列挙されている。裁判の政治的・社会的意味にかかわることではない。省略する。岩田）

57．最初の面会

丸二年間、家族の誰とも会えなかった。週に一回、短い電話で話しあえたが。弁護士ヴラディミロフの支援で妻と娘二人との面会がかなった。（一四二頁）
私達は、面会室でだきあった。末娘サシカは、逮捕時三歳だった。「私がわかるかね。」「わからない、お父さん。」娘をだいて、キスをした時、入口のかたわらに看守二人が立っているのに気付いた。「失礼、我々はここにおらねばならない。」「何故。」「あなたの家族の安全のためだ。」「私の

ハーグ国連拘置所にて

家族を私から守るとは？」「そう命令されている。」（一四三頁）

家族と一緒に写真をとることも許された。第一一一号室の壁にその写真をかけていた。家族との写真のおかげで、最もつらい時に自暴自棄にならずに済んだ。

私の妻が面会にハーグに来た時にオランダテレビが妻にインタビューした。

「あなたの夫は戦争中何をやっていたのか。」「交通警察官でした。それだけでした。オマルスカ収容所にいたことはありません。」「全部作り話だと。」

「そう作りごとです。」

「それなら、何故起訴されたのか。」

「セルビア人を起訴すること。夫であれ他の誰であれ、どうでもよかったのです。」

「全くの偶然で。」

「はい。」

「多くの人々があなたの夫を告発しているが、彼等は誰なのか。」

「ある人々は、私達の隣人達で、別のある人々は、全く存じません。」

「そうなると、法廷にあんな風にやって来て、ドゥシコ・タディチが自分達にああしたこうしたと語れないのでは。」（一四四頁）

「出来ます。誰でも出来ることです。」

「オマルスカ収容所は存在したのですか。」

「ありました。存在したことは恥辱です。」

「娘さん達はどう感じてますか。」

「父親が留守なのは、子供達につらいことです。でもお父さんが無実で何も悪いことをしてないと知っています。」

「二年間獄中にいますが、どんな調子ですか。」

「健康です。」

「何で耐えられるのですか。」「正義と真実です。無実だから耐えていきます。」（一四五頁）

58. 三日間の虚偽証言

ハーグ法廷でドラガン・オパチチほど茶番を演じた者は無かった。ポドコザリェのセルビア人の病理を一身に体現している犯罪者こそ私である事を完璧に立証する決定的証人として検察側が鳴物入りで登場させた人物である。ボンスカ・ボイナ出身の若きセルビア人である。ドラガン・オパチチの証言は、タディチ裁判のかがやかしい瞬間となるはずであったのに、検察の最も弱い環になってしまった。（一四六頁）検察は、彼こそ直接現場証人であると公衆に公表していた。彼がサライェヴォのムスリム人監獄にいれられていた時の供述を適宜にマスメディアに伝えるように検察は、つとめていた。トルノポリェ収容所の月給三〇〇マルクの看守とされたオパチチは、他の犯罪者と共に私が「収容所指揮官」として行ったとされる多くの犯罪を自分の両眼で目撃した、と言う。

私達が若いムスリム人女性達を倉庫や地下室に連れ込み、ある者が手を押え付け、他の者が足を、そして第三の者が犯した、と詳細に語る。彼女等が失血し、気を失うまで、かわるがわるに暴行した。数え切れない位だ。オパチチ自身も死の脅迫下に六人の若いムスリム人女性を強姦せねばならなかった、と語る。

オパチチは、異常な記憶力をもつかの如く、身長一六五センチ位、年令一七歳位の少女や一七〇センチと一八歳の少女等の身体的特徴、外見、服装を詳細に述べた。（一四七頁）

暴行が済んだ後に少女達をお互いに血が出るまで殴り合わせ、それを見ながら、私が「見ろよ。ムスリム女達が憎み合い、殴り合ってるぜ。」と叫んだ、と言う。少女達をせめさいなんでいる者達に「双子を生ませろ」とののしった、と言う。ムスリム女をはらまないままトルノポリェ収容所から出すなとの命令があった、と言う。ムスリム人老人の一団の殺害を私から命令された、と言う。オパチチは、詳細に語る。「ある時、タディチは、一〇人の囚人を殺すように私に命令した。ふるえが来て出来なかった。その時、二人の囚人が抗議した。タディチに収容所から出してくれるように金を払っている、と。すると、タディチは、二人に近付いて、『テテヤツ』というピストルを引き抜いて、二人の頭を撃った。それから私の方に向いて、残った八人の頭を撃てと言った。」

検事グラント・ニーマンにたくみに導かれて、ドラガン・オパチチは、ハーグ法廷でこれらすべてを丸三日間繰り返し供述した。しかし、そこに何一つ真実は無かった。弁護団と私は、彼の嘘をつかみ、ハーグ検察の最大のモンタージュを暴露した。オパチチは、裁判所の名簿では証人「L」であった。彼の調書を見ると、セルビア人共和国軍に所属していて、ムスリム人の捕虜となって、戦争犯罪のかどで一〇年の刑を宣告されていた。そして父親も兄弟もいないことになっていた。（一四八頁）

私達は、彼に父親も弟（あるいは兄）もいる事を発見した。私達は、二人をハーグに来てもらって、身元の確認をした。それはまるで刑事映画のシーンのようだった。暗色ガラス壁の片側に父ヤンコと弟（兄）ペトロが、他の側にオパチチがいた。オパチチは、二人は誰かと質問されて、人生で一回も見たことがないと決然と答えた。両者の場所が入れ替わり、二人は、彼を見れるが、彼は、二人を見れない。「この若者を知っているか。」「知らない訳がない。私の息子ドラガンだ。」ヤンコも弟（兄）だと断言した。

大スキャンダルがとび出してしまった。ハーグ法廷は、かくそうと努めるだろう。サライェヴォのムスリム人政権に手ひどくあざむいてくれたなと抗議するであろう。ムスリム人政権は、私の弁護を決定的にこわすことのできる鍵的証人を握っているとあらゆる方面に広言していた。しかし、その証人が語っていたことすべてが嘘であることが判明してしまった。

オパチチは、後になって自分の放浪の様子を次のように述べる。

「一九九四年一〇月末にトレスカヴィツァでムスリム人の捕虜となった。負傷していた。フラスニツァ、次いでサライェヴォへ護送された。地下室にぶち込まれて、ぬれた縄や棍棒で殴打された。一九九五年春に一〇年の禁錮を宣告された。トルノポリェ収容所で二三人の囚人を射殺し、二人ののどを切りムスリム人女性一〇人を強姦したという罪状だ。」

オパチチは、トルノポリェ収容所に行ったことは全くなかったと言う。「やがて警察官がやって来て、トルノポリェでドゥシコと協力して人々を殺害した証拠があがってると言う。この時までドゥシコ・タディチなる人物のことを聞いたことがなかった。彼等は、私を殴り、傷口に塩をすり込んだ。タディチを知っているとサインせよと要求した。長い間、同意しなかった。しかし、かのタディチに不利な証言をするべく、ハーグに行くことになると言われて、同意した。あちらでは、ムスリム人牢獄から出られるのだと気付いたのだ。」（一四九頁）

それから作業が始まった。私がうつっているビデオ、トルノポリェ収容所のビデオが彼に見せられ、質疑応答が教え込まれた。

「ハーグから捜査官がやって来た。ボブ・リードとグラント・ニーマンだ。彼等は、私をムスリム人監獄から受け取って、トルノポリェ、『犯罪』現場へ連れて行った。何を語る必要があるかを私に言って、撮影した。それからハーグへ連れて行った。私は、完全に孤絶していた。被保護証人『L』として法廷へ出されるのを待っていた。経歴も父も兄弟もなく、名も姓もない。法廷へ引き出されて、そこで生涯はじめて生身のタディチ本人に会った。」

後になってすべてが暴露された。オパチチは、私を告発せねばならなかったのに、ハーグ検察、ムスリム人政権、そしてマスメディアの汚い結び付きを告発してしまった。メディアは、私の諸犯罪を書きたてる競争をしていた。とりわけ、ドイツの日刊紙『ビルド』は、突出しており、私を「セルビアの屠殺人」と名付けた。

また、ナターシャ・カンディチ（セルビア市民社会で最も有名かつ強力な人権活動家、ベオグラードのNGO人道法センターの長。岩田）、ヘイト・スピーチ（憎悪の言論）とたたかう偉大な女性闘士は、ベオグラードの週刊誌『ヴレーメ』（市民派・リベラル派の週刊誌。岩田）において私が行なったと言う一連の殺害を記述しつつ、コザラツのムスリム人警察官エミル・カラバシチが息をひきとる前に、私が彼の身体に四つのC（ローマ字ではS、四つのCはセルビア民族の象徴。岩田）を刻み込んだ、と語っている。ハーグ裁判において、そのような所業は、私の罪状でなかったし、証拠があったわけでもないのにだ。（一五〇頁）

59．汚い結び付き

ゲルマン系検察官グラント・ニーマン（オーストラリア人。岩田）とアメリカ人捜査員ボブ・リードは、私の兄リュボミルとベオグラードの捜査員ドラガン・ペトロヴィチによる発見が彼等に与えた損傷を小さくすべくあらゆる事を行なった。最初、偽証人「L」がサライェヴォのムスリム人軍情報サーヴィスが用意したセルビア人であったと言うわずかな情報しかメディアに出なかった。

裁判院は、トルノポリェにおける諸犯罪に関して私の起訴を取り下げると弁護チームに通知した。（二五一頁）そしてまた、裁判院議長アメリカ人女性ガブリイェル・マクドナルドは、「L」以外の「諸証人もまた偽証していると考えないように希望する。」とある公判で弁護士ヴラディミロフに表明した。

被保護証人ドラガン・オパチチに関する更なる調査は、実行されなかった。ハーグ法廷は、形式的には調査すると表明していたし、私も弁護団に公式調査を要求するように何回となく求めたのではあるが。証人「L」は、ハーグからサライェヴォへ戻され、最後にゼニツァのボスニア人監獄へ。残念ながら、私の弁護団長は、ハーグ法廷検事局を信用していたのだ。

ドラガン・オパチチが検察当局の最重要証人となったなり方を詳細に知りたかった。彼がボスニアへ帰される前に、ハーグの国連拘置所で彼と何回か秘密に会うチャンスを持った。私達は、一人の信頼出来る看守を介して監獄内で手紙のやりとりを何回か行なった。ドラガン・オパチチは、今日まで知られていない若干の「諸事実」を明らかにした。それらを総合すると、前主席検事ニーマンと彼の協力者達による法廷規則違反に関する「新証拠」をなす。

ある手紙でドラガン・オパチチは、次のように書く。

「おれが捕虜となって、はじめてハーグ法廷からボブ・リードと通訳がボスニアにやって来た。ほかにも彼等と一緒に法廷から来た者達がいた。おれが目当てだった。ニーマン検事は、スプリトの牢獄でおれを待っていた。サライェヴォ、モスタル、スプリト、そしてザグレブへおれを運んだ。（二五二頁）

トルノポリェ収容所指揮官としてあんたを有罪にする必要があった訳だ。ムスリム人は、おれを未成年者として罰した。あんたに有罪判決を下すためだけにおれを告発したんだ。おれが連れて来られた時、証言する事に同意せざるを得なかった。トルノポリェ収容所で行なわれた諸事件すべてに関してあんたに不利に証言する事を承知しなかったとすれば、そのことでおれが罰せられただろう。

グラント・ニーマン検事とボブ・リードは、あんたに不利に証言すべく、他の人達もやって来ている、おれもそうしなければならぬ、しかしおれが同意しなければ、あんたは釈放されるだろう、と語った。おれがそうしないと、殺人や強姦のすべての罪がおれに負わされるだろう、と言った。おれが証言に同意すれば、あんたは有罪になるだろう、と言った。

おれは、あんたに助力したい、法廷を告発したい。自分のために、そしてあんたのために。やつらは、ボスニア人側に協力したからだ。やつらは、あんたを的にしておれに虚偽の罪を負わせた。その時にあんたの写真やボスニアのビデオを見せた。あんたが理由でおれはここに来させられた。おれは、あんたに深くあやまる。おれは、あんたに不利になるような事をしたくなかった。おれ達は、以前全く知り合ってなかった。事はボスニア側と法廷から出ていたんだ。返事があるなら、誰にも知られないように書いてくれ。あんたにもう一度あやまる。クリスマスおめでとう。」

国連拘置所にて　デンハーグ　一九九七年一月七日（正教のクリスマス。岩田）

60. 弁護士から裁判官へ

一九九四年にドイツで逮捕され、ハーグ国際法廷で結審されるまで、一二人の弁護士が入れ替り立ち替り私の弁護団に登場した。セルビア人、オランダ人、イギリス人、ドイツ人、ボスニア・セルビア人。私は、彼等の各々について、出身国の弁護制度に照らして恥じ入るであろうような諸事実を何百ページも書き記すことが出来るだろう。結局の所、次のようなことが分った次第である。弁護士、ハーグ法廷裁判官、そしてその捜査員を結び付けていたのは、共通利益、すなわちマスメディアにおける名声、出来るだけ高い報酬、そして最後に彼等が関与する裁判の正義と公平である。

オランダ人弁護士アルフォンス・オリは、裁判の最初から私の弁護団長ヴラディミロフの最も近しい協力者であった。公判で私の主張を熱心に代弁し、セルビアとモンテネグロ（新ユーゴスラヴィア）が旧ユーゴスラヴィアから分れ出た新諸国家を侵略しなかったと主張した。

第一審終結の直前、彼から異例の手紙（一九九七年三月二一日）を受け取った。

「私は、裁判官の職務につくことになりました。三月二一日の貴氏との面会は獄の事情で不可能になりました。最後に直接お目にかかれないのが残念です。（一五四頁）私は、貴方が大切にする貴国を勉強し、その国が如何に破壊されたかを知ることが出来ました。貴方の御家族、老母と子供達とも付き合いが出来ました。……。明日からは弁護士ではありません。もう貴方に会えない。友人のあいさつをもって。」

彼は、オランダ憲法裁判所裁判官から一〇年後、国連のハーグ国際法廷の一二人の裁判官の一人となった。そして、モムチロ・クライシニク（ラドヴァン・カラジチに次ぐセルビア人共和国の内戦時実力者。岩田）と他の諸セルビア人に対して厳しく敵対的人物として聞こえた。新ユーゴスラヴィア（セルビアとモンテネグロ）軍がボスニア・ヘルツェゴヴィナ（BiH）を侵略したと言う主張の非妥協的支持者となった。（一五五頁）

61. 弁護費用なし

私が悪名高きドイツのシトラウビング監獄に収容されていた時、刑期満了前釈放に関する助力を求めて、以前の弁護士ステファン・ウフェルに手紙を書いた。彼は、二〇〇四年五月二六日に返事をくれた。「ドイツ法と国際法によれば、資金的支援を求める権利は貴方に無い。（一五六頁）貴方の兄ムラデンはかつてあなたのために集められたカンパを横領した。……。ハーグ法廷は、最も早くて二〇〇七年七月一四日に釈放することが出来ると決定したと思われる。」

私は、ムスリム人政権が兄ムラデンとその前妻ソフィアをリクルートし、検察証人にするとは夢にも思わなかった。彼は、私の写真やビデオをハーグの捜査員に提供し、それらがドラガン・オパチチのような偽証人達を用意するのに利用されたのだ。

一九九七年五月七日の判決に次のようにある。「諸証人達が述べたように、被告は、民族主義的諸理念を受容した。例えば、被告の兄ムラデンの前妻ソフィア・タディチは、被告がスロボダン・ミロシェヴィチを唯一の真の人間、真の政治家であると語り、男の子が生まれたらスロボダンと名付けると語っていた、と証言する。また、彼の家族がコザラツの正教会で活動的になって行き、被告は、ある時ムスリム人達が通るのを見て、『見ろよ、バリイェ（ムスリム人の蔑称。岩田）がモスクへ行くところだ。』と叫んだ、と証言する。」（一五七頁）

判決には書かれてないが、記録文書と私の記憶に次のようなやりとりがある。反対質問で私の弁護士スティヴェン・ケイがソフィアに問う。

「息子にスロボダンと名付けましたか。」

「ノーです。娘が生まれましたから。」

「スロボダンカという女子の名前もありますね。」

「はい。」

「それでは被告が娘にスロボダンカと名付けなかったのは何故ですか。」

「わかりません。」

判決はこのように事実を無視して、検察に都合の良い所だけを取っている。（一五八頁）

62. ヴゥインの場合

ヴゥインは、ベオグラードの弁護士会会長をつとめたこともある人物だ。外国人弁護士達が私の弁護にとって本質的な証人達に到達できなかったので、ハーグのセルビア大使館に助力を求めた。大使は、控訴審に重要な証人を見付けるように努力すると約束した。（一五九頁）但し、それには条件があって、ヴラディミロフ、ケイ、シルヴィヤ・ベルトダノを解任し、すべてをミラン・ヴゥインに任せることだった。私はそんなことを望まなかった。私は、妥協を求めて、ヴラディミロフ教授にヴゥインとの協力を受け容れるように手紙を書いた。これまでアクセスできなかった証人達の証言を得るための主要条件だったからだ。

ヴラディミロフの返事は以下の如し。「貴殿の四月一六日付手紙拝読。私は、スティヴェン・ケイとシルヴィヤと共にこれからも貴殿の弁護を行なうつもりです。ミラン・ヴゥインとコスティチとは一緒にやるつもりはありません。」（一六〇頁）

63．虚偽の約束

弁護士ヴゥインが面会に来て、私が第一審で有罪とされた諸事件の目撃証人五人の証言をとると堅く約束した。弁護チームの指揮をミラン・ヴゥインに任せた。局面転換の最後のチャンスだと信じたからだ。大使ロピチチと弁護士ヴゥインの堅い約束を得たのだ。まもなく、弁護団にスラヴォニア出身のセルビア女性を妻としているイギリス人弁護士ジョン・リヴィングストンが加わった。一年後、リヴィングストンは、新証拠収集において現地でぶつかっている諸問題について私に警告した。そのほかの各種情報とあわせて、私の主任弁護士ミラン・ヴゥインが私の有罪の根拠とされた諸行為の実行者達に関する真実を明るみに出す事を妨害している事がはっきりした。約束とは反対に、ヴゥインは、警察署長ドルリャチャと刑事部長ヤンコンヴィチ、プリェドルの地元権力者達の協力者となっていた。ショックと絶望。私は、ヴゥインとの関係を絶った。その後、彼の行動は、ハーグ法廷の捜査対象となった。（一六一頁）

64. 法廷軽視

国際法廷控訴院は、一九九九年二月一〇日ヴゥインを召喚して、法廷を軽視し、正義の遂行を意図的・意識的に妨害した事に釈明を求めた。私と私の新弁護士アントニ・アベルは、「利害当事者」のステイタスを得た。ヴゥインの要請と検察の同意によってヴゥイン裁判の大部分が非公開となった。公開は、セルビアにおける彼の名声を傷付けるし、ニーマン検事にも都合よかったからだ。（一六二頁）

ヴゥインは、私の裁判の証人達に、彼以外の共同弁護士の質問以前に、供述すべきこと、すべきでないことを指示していた。共同弁護士の質問中に身ぶり・首ふりでイエスと答えるか、ノーと答えるかを示唆した。国際法廷で虚偽証言をするように証人達を教育した。教えられた通りに供述した者に金を払い、そうならなかった者に金を支払わなかった。このような事態は一九九七年九月から一九九八年四月に起こった。（一六三頁）

また、コザラツにおけるムスリム人警官二人の殺害者がタディチではなく、他の誰かである事に関する証人「W」をめぐって情報を混乱させた。具体的名前を出すなとの指示。（一六六頁）一九九九年一月ヴゥインは、ベオグラードの新聞『ドネヴニ・テレグフ』で彼のタディチ弁護団離脱に関してインタビューを受け、「彼は、私がプロとして同意できない要求をしたからだ。例えば、彼は、個別的犯罪の実行者を私が暴露するように求めた。それは警察の仕事だ。」と語っている。ヴィンは、有罪となった。控訴院第二審で彼の上告は、二〇〇一年二月二七日に棄却された。「法廷軽視罪」である。

控訴院は、ヴィンが重大な法廷軽視を働いたと判断した。弁護士は、裁判において特権が与えられている。しかし、その特権が悪用されてはならない。（一六七頁）「残念ながら、その特権をしばしば悪用する。多くは弁護士の顧客を有利にする為だ。本件においては彼の顧客（タディチ）を不利にするためだ。彼が獄中にあり、弁護士に頼ることとすこぶる大である時、この事はより悪質である。」「拘禁刑ではなく、多額の罰金刑が相当である。」（一六八頁）

（私、岩田が「64、法廷軽視」ヴィン裁判の箇所を読んでも、ハーグ法廷が事実と法理に忠実であろうとする姿勢に好感がもてる。ヨーロッパ文明の正義の根深さを感じさせる。しかしながら、「58、三日間の虚偽証言」におけるハーグ検察とムスリム人側の偽証工作に関しては、調査実施が空言となっている。政治的無関係者に関しては事実と法理をとことん追求するが、政治的味方と敵とに関しては事実と正義を封印する。これがヨーロッパ文明というものの一面であろう。司法もマスコミもこの点同じらしい。）

Dr.ゾラン・スタンコヴィチ

65．ベオグラードからの誠実な支持

デンハーグの獄中の私を旧ユーゴスラヴィアと諸外国から様々な諸組織の代表者達が面会に来た。もっとも印象深い人物は、元セルビア国防相でベオグラード軍医アカデミー長の病理学者、ゾラン・スタンコヴィッチ将軍であった。私達は、私が実験用うさぎであって、いつの日かセルビア共和国とセルビア人共和国の軍と政の首脳部を丸ごと被告席にすわらせるために、私の裁判を通して法廷はルールを練り上げつつあると分析した。首脳部の大多数は、私のケースが彼等にとってデンハーグへの道である事を全く理解してなかった。（一六九頁）

（一七〇～一七一頁にゾラン・スタンコヴィッチ将軍のタディチあて手紙が紹介されている。省略。岩田）

66．ガレージの中の狂乱

ドラガン・オパチチに次ぐ私に反対する冠証人は、被保護証人「H」であった。コザラッ生れ、二八歳、私をよく知っているとのことだ。検察は、彼の供述を起訴状に採用した。

「ドゥシコ・タディチと何人かの看守達は、一九九二年六月一八日ガレージからムスリム人捕虜五人、エミル・カラバシチ、ヤスミン・フルニチ、エンヴェル・アリチ、フィクレタ・ハラムバシチ、エミル・ベゴヴィチを呼び出して、数時間にわたり、強打した。タディチ等は、彼等相互に性的交渉を強制し、いじめぬいた。」（一七二頁）

67. face to face で

検察によれば、これら五人は生き残らなかった。証人「H」と証人「G」が生き延びた。

証人「H」の証言は、第一にガレージの半開きドアからの見聞、そして第二に自分自身の実際の行動から成る。

「髭面の男」、すなわち三五歳位、身長一八〇センチ位、茶褐色の髪の男は、「H」と「G」へ、強打された囚人達を外へ運び出すように命じた。フルニチは息があり、抵抗しかけたが、髭面の男が彼の首を踏み付けた。（一七三頁）

ガレージの前にある溝にハラムバシチの裸で全身血まみれの身体を投げ込んだ。戦争前はプリェドルの警察官だった。髭面の男は証人「G」にハラムバシチの性器を口に含み、彼の睾丸を噛むように命じた。証人「H」が両手で彼のつまった口をささえた。「G」は、抵抗するハラムバシチの両股を開かせた。髭面の男は、「G」に近寄って「ハラムバシチのたまを噛み切れ」と命じた。ハラムバシチは、もはや抵抗する力がなくなっていた。「G」は、たまを噛み切って、ペッと口からはき出した。峯丸はころがってマンホールに。「H」は、ハラムバシチを机の所まで運び、床にねかせた。水をくれと言った。水がないと答えた。一人の看守が「去れ。『髭面の男』に殺されるぞ。」と「H」に言った。「H」は、全速力で自分の部屋に逃げかえった。

証人「H」の供述は、マスメディアが存分に活用した。あの「髭面の男」に当るのは私、ドゥシコ・タディチだけである、と。たしかに私は、空手家として立派な髭をたくわえていた。しかし、戦争の勃発する前に剃ってしまい、決してはやしていなかった。

しかしながら、メディアは、証人「H」の証言の肝腎な箇所にあまり関心をよせなかった。「その虐待にドゥシコ・タディチがくわわっていたか」と言う検察官の質問に証人「H」は「ノー」と答えた。

「私の部屋にもどった時、囚人達もそれを知りたがった。あれはドゥシコかときかれた。ドゥシコ・タディチがあの『髭面の男』ではないと答えた。一年間彼の所で空手をならったので、ドゥシコを良く知っている。私は、『髭面の男』とface to faceで会ったけれど、誰だったのかはわからない。」と「H」は付け加えた。（一七五頁）

68. 伏し目

私が一九九二年六月一八日にオマルスカ収容所にいなかったし、虐待に参加していなかったと言う証人「H」の言明は、ハーグ法廷の判決の中で次のように解釈された。

証人は、事件の様々な実行者を目撃しており、また自身の行為を供述した。しかしながら、恐怖のあまり彼の目線は「おおかた下がって」いた。伏し目がちだった。証人が三人の犠牲者とフィクレト・ハラムバシチへの攻撃にアクティヴにくわわった唯一の証人であるとは言え、彼の証言を被告がガレージの諸事件に参加していなかった事の証拠とは見なし得ない。一身上の安全と言う正当なる理由があって、ガレージ一階における自分の周囲を視認し、識別できた事柄を確定する機会を活用しなかったからである。

「一身上の安全と言う正当な理由があって」証人「H」があえて目線を上げず、誰が囚人達を苦しめ殺しているかを見ようとしなかった。これがハーグ法廷にとって本質的なことであった。しかし、そのこと以外のほかのすべてを見ていたのだ。それがわかったことは、私にとっておそろしく本質的なことだ。

検察官は、私がその時エミル・カラバシチを殺害したと告発する。彼は、私の空手の最良の弟子だった。私達は、友達で、お互いの家を行き来していた。私の父が亡くなった時、両手で父を家の外へおくり出してくれた人々の一人であった。

かくして、私は、カフカ『審判』のヨーゼフ・K・となった。(一七六頁)

69. 判決前の死　70. 最後のパーティ

(ヴコヴァル市長スラフコ・ドクマノヴィチがタディチと同じ階の独房に入って来て、自殺するまでの交

流をえがく。省略。岩田）（一七七〜一八〇頁）

71. 空手　ヨガ　そして　絵画

（独房で絵をかきはじめるようになって、それが売れはじめたことなどを記す。省略。岩田）（一八一、一八二頁）

72. セルビア人狩り

一九九八年七月一二日、シェヴェニンゲン拘置所へ元プリエドル病院長Dr.ミラン・コヴァチェヴィチが入って来た。

ハーグ検察当局の命令で国連平和履行軍は、一斉逮捕作戦「タンゴ」を一九九八年七月一〇日に実施した。シモ・ドルリャチャは、抵抗して射殺された。ミラン・コヴァチェヴィチは、つかまる。Dr.ミロミル・スタキチ、プリエドル・オプシティナ危機管理本部長（『戦争犯罪を裁く（上）』ＮＨＫブックス、九四頁ではヴコヴァル市長とされている。岩田）は、直前に電話で情報を知り、ベオグラードへ逃げた。数年後にそこで逮捕され、ハーグへ移送された。ジェノサイドの罪で四〇年の刑期をフランスの牢獄でつとめている。（一八四頁）

空手の練習をするタディチ

73. 病院におけるドラマ

一九九八年七月一〇日、プリェドル病院長室を国際人道団体の関係者が数人訪ねて来た。一人は片手に国際赤十字の印のついた小包をもっていた。Dr.ミラン・コヴァチェヴィチが彼等と挨拶をかわし、小包を受けとろうとした時、一人が鋭く言い放った。「コヴァチェヴィチ、あなたは逮捕されました。」人道支援者達の一人がピストルを彼のこめかみに突きつけた。ドクターは、白衣を着ていたので、それを脱ぎたかったが、許されずそのまま手錠をかけられた。

同郷人として話したいことがあり、いわゆる自由時間によく一緒にいた。（一八五頁）ハーグ法廷の検察は、彼をプリェドル・オプシティナのムスリム人に対するジェノサイドで起訴した。かかる重罪で起訴された最初のセルビア人だった。監獄当局は、コヴァチェヴィチを苦しめている健康問題をつかんでいたが、まずは裁判と言うことで、治療は後まわしにされた。（一八六頁）

八月のある日、コヴァチェヴィチの病状が悪化した。同囚の者達が彼の房へ集って来た。クロアチアの将軍ブラシキチが人工呼吸をほどこした。死んだ。数分後、医師が来て、死亡を確認した。囚人達の要望で彼の房前で彼の遺体への最後の別れがとり行なわれた。（一八七頁）

74. セルビアへの帰還

（この節の内容にあわないタイトル。岩田）

二〇年の刑が宣告された。ドイツの監獄は御免だ。ハーグに来るまでに体験しており、悪印象が強い。他の国の牢にして欲しいと神に祈った。ドイツはドイツでの私の収監を要求した。理由として私の家族がミュンヘンに住んでいる事を挙げたが、それはウソだ。すでにセルビアに移り住んでいた。ミュンヘンから一〇〇キロのシトラウビング監獄に入れられた。（一八八頁）

検察は、あらゆる手を使って、私がオマルスカ、ケラテルム、トルノポリェの三収容所で犯罪を犯したことを立証しようとしたが、出来なかった。検事側の鍵的証人がはっきりと否定したのだ。

コザラツの警察官二人、オスマン・ディドヴィチとエディン・ベシチを殺害したとされて、二〇年の刑期が言い渡された。その事件の証人、かってソドミー（男色、獣姦）で有罪となったことの

ハーグにおけるセルビア人達の異例な出会い　タディチ描

ある気がおかしい男Yは、彼等がコザラッツの正教会の中庭で殺されるのを近くの果樹園から見ていたと証言した。しかし、現場検証でそこからは教会の十字架と屋根だけは見えるが、中庭は見えないことが判明した。後に知ったことだが、この殺害事件は実際に起こっていた。但し、現場は教会から二キロ離れた所だった。ディドヴィチとベシチは、コザラッツの中心地、商店「ジェレザラ」の前で殺害された。私は、その時バニャルカにいた。コザラッツではモムチロ・ラドヴァノヴィチ、通称ツィガ（彼に関する証人のマニュピレート問題が64「法廷軽視」でヴゥニンに関して論じられている。一六六頁。岩田）が指揮するパラミリタリー部隊が活動していた。私の裁判の期間、彼は、プリェドル・オプシティナ議会副議長だった。弁護士のヴラディミロフは、コザラッツで教会僧のマイキチに事件が教会の中庭で起ったのではない、とハーグで証言してくれるように頼んだが、再び政治が介入して駄目になった。

この事件について現在も自分一人で事実を立証しようと努力している。私は、新事実が手に入り、ハーグ法廷が不当判決を訂正するだろうことを望む。（一八九頁）

75. 二重格子

ドイツで最悪のシトラウビング監獄の三七一号室に二〇〇〇年一一月から二〇〇八年七月までいた。二重格子と運動用のスペースがあった。空手のような格闘技は禁止されていた。しかし守らなかった。ひそかに練習していた。（一九〇頁）
毎日、画布に牢獄の絶望を描いた。またムスリム人囚人達に何回となく襲われもした。八六八人の囚人がおり、終身刑は一五一人であった。私の仕事は調理場でサラダを作ることになった。サラダ作りの達人になった。毎月最低の報酬があり、絵の代金とあわせて、三ヵ月に一回妻と娘が面会にくる費用にした。手紙はキリル文字は駄目で、ラテン文字で書けとされていた。しかし私は、断固としてキリル文字で書いた。
二〇〇七年六月、刑期の三分の二が過ぎた。規則はきちんと守って来たので、釈放を期待できる。しかしながら、獄当局は、あらさがしをして、タディチに自己の所業への悔悛の情が見られずとし、ハーグ検察は検察で、非協力的であったと報告書に意見を述べ、この時は満期前釈放に値せずとされた。

76. 弁護士の役割

私は、手をこまねいたままではなかった。決定権のあるハーグ法廷所長へ要望書を何通も書き送った。ハーグ検察とドイツ司法当局の報告が根拠なく、不正確であると論証しようとした。金もなかったし、弁護士との経験がネガティヴだったので、今回は自分一人でやった。一二人の弁護士達は、私の裁判で数百万ドルの報酬を得ていたのだが。

二〇〇八年七月一七日、ハーグ法廷所長は、私の要望を受け容れ、釈放に抵抗するドイツ当局に即時の実行を命じた。（一九三頁）

ドイツの裁判所とハーグの主席検察官ブラメルツは、私の出獄に断固反対だった。ドイツ人看守から「タディチ。ニュールンベルクへ明日出発する。用意しておけ。」と突然言われた。何故、不安だった。（一九四頁）

77. 完全な統制下へ

一夜中、ヨガをやり、空手をやり、瞑想してすごした。シトラウビングからニュールンベルグまで、三〇人の囚人は、午前中ほとんどをつかってバス旅をした。シトラウビング監獄服役囚数人は手錠のままであった。
連邦外国人特別委員会の聴取があると言う。廊下で数時間待たされたが、看守がつかなかった。一四年間の獄中生活ではじめてのことだった。委員会メンバーは、私に驚くほど礼儀正しく接した。ドイツ国へ政治的アジールを求める請願書が用意されており、それに署名するように提案した。（一九五頁）
連邦移民局にタディチのボスニアへの帰国に関して不安があると言う。これは新しいトリックだ。自由になっても、相変わらずドイツ司法当局の統制下におかれると言うことだろう。「私、ドゥシコ・タディチは、アジール請願書を提出しない。刑終了後ドイツ国家にとどまらない。セルビアへ送還されることを希望する。」（一九六頁）

78. 誇りに対する刑罰

シタデルハイム監獄の数平米ある特別房で最後の数時間をすごした。ここから囚人達は、それぞれの目的地へ送り出される。ドイツ獄当局が安全上の理由で私にわたさずに止めておいた手紙類をそこで読んだ。デンハーグの国連拘置所で同囚だった同姓の人、ボサンスキ・シャマツ出身のミロスラフ・タディチが二〇〇三年一二月一八日に私へ送った手紙が目にとまった。

「親愛なるドゥシコ。裁判の様子は相変わらずだ。多くの嘘が語られ、操作された起訴に至る。裁判が始まったばかりの者は、びっくりして、『こんなことがあり得るのか。』と自問する。しかし、すぐになれて、すべてがあり得ると分るのだ。」「裁判院は、私に追放と強制移住の罪で八年の刑期を言い渡した。」（一九七頁）「あなたは御存知かも知れないが、私は、捕虜交換委員会で働いていた。二五〇〇人のセルビア人、クロアチア人、ムスリム人を交換した。そのことを否定したことはない。裁判でもそれを確認した。人道援助の面で重要な人物、ユニセフ大使レオン・ダヴィチョは、二〇〇三年一一月一三日に『私は誇るべき仕事をした。諸収容所で捕虜となっていたセルビア人、クロアチア人、ムスリム人をすくなくとも一〇〇〇人救った。私は彼等の交換に成功したのだ。これは一人の人間の生涯にとって十分な仕事だ。』と言明した。私は、その言明に心が癒された。私は、ダヴィチョ氏と同じ誇りある仕事をして八年間の刑を課された。しかし、二〇〇四年一一月一日に帰宅できることを希望しつつ、控訴しない。」（一九八頁）

79. 最終的に自由

ミュンヘンからルフトハンザでベオグラードへ。（一九九頁）機中、同囚者達からの手紙を数通読む。（二〇〇〜二〇四頁）ベオグラードのスルチン空港につく。我国の警官がよって来て「ドゥシコ、ようこそ」と迎えてくれた。

入国手続きの終了を待っている間に、一人の人物が人権組織の活動家であると名乗って、「タディチ氏。この一四年間誰かあなたの人権を侵害した者がいましたか。」と質問した。私は言葉が

最初の自由な展覧会　ベオグラード　2009年

なかった。笑って、立ち上り、出口へ向った。家族と何人かのまことの友人達が待っていた。

私の跡に続いて何十人ものセルビア人が旧ユーゴスラヴィアの各地からデンハーグの国際法廷へ旅立った。多くの者が自由の日を見ることはなかった。私の裁判の始めから終りまで、私の犠牲と私に続いた者達の犠牲で行なわれた諸実験は、（二〇四頁）正義と真実を満足させる目的を持っていなかったし、いわんや旧ユーゴスラヴィアの諸民族間の和解のモデルとなる目的など全く有していなかった。（二〇五頁）

「本書をハーグ国際法廷によって無実の犠牲者とされたすべてのセルビア人達に捧ぐ」二〇一〇年、セルビアにて（二〇七頁）

訳者あとがき

二〇一一年一二月九日に始まった「ハーグ囚人第一号の日記」（二〇一一年増補版、初版は二〇一〇年、Duško Tadić, Dnevnik Prvog Haškog Zatočenika, drugo prošireno izdanje, Hrišćanska Misao, Beograd）の抄訳と要約による紹介は、今回二〇一二年五月二五日で終了した。人権支援市民組織の国際的ネットワークからはずされて、自分の言い分を精一杯述べた最初の著書をベオグラードのブックフェアで一人プロモートしている時に、通りがかった中年女性から読んでくれるかも知れない人間として私の東京のアドレスを知って、わざわざ贈送してくれた著者ドゥシコ・タディチにバルカン的、あるいは大和的義理人情を感じた事がこの多数回の紹介の心動因であった。

本書とほぼ同時に『戦争犯罪を裁く(上) ハーグ国際法廷の挑戦』（ジョン・ヘーガン著／本間さおり訳／坪内渡監修、NHK出版、二〇一一年）を読んだ。多くのページを割いて被告ドゥシコ・タディチ「が関与していた、オマルスカの収容所およびプリエドルにおけるエスニック・クレンジング」（一三四頁）について縷々記述されている。欧米市民社会人が書いたものであるから当然と言うべきか、被告タディチの一貫したアリバイ（現場不在証明）主張や彼に酷似する「髭面の男」の存在主張は全く取り上げられていない。

私を含む多くの第三者的常民・市民は紛争（犯罪）現場の事実認定を行なう能力を有していないが、紛争（犯罪）当事者達の相異なる諸主張を突き合わせる能力を有している。但し、それぞれの立場の諸主張が公平に眼の前に提示されたならば、の話である。ヘーガン著のタディチ部分はタディチ日記と対読されるべきであろう。

ここで私、岩田が対読してみて検察側と言うより、どちらかと問われれば、タディチの主張に傾く心証―義理人情とは別の―について述べておこう。私見によれば、ハーグ法廷初期の被告達には司法取引の大きなチャンス、一種の「特権」があったと思われる。タディチにもエルデモヴィチの選択肢があったと思量される。エルデモヴィチ（ボスニア・セルビア人共和国軍所属のクロアチア人兵士）は、一九九五年七月スレブレニツァで起ったセルビア人共和国軍によるムスリム人捕虜一二〇〇人の虐殺に関与し、自身も七〇人を射殺した事を認め、かつ続く諸裁判において検察側証人として出廷証言する事を承諾したので、司法取引によってわずか五年の刑期で済んでいる。

七〇人を殺害してもわずか五年の禁錮刑である事を念頭におけば、タディチが司法取引に応じて、オマルスカで例えば「一〇人」を「殺害」した事を「自供」し、その後の関連する諸裁判で検察側証人として出廷証言する事を承諾していたならば、おそらく刑期は一年ないしは二年で済んだかも知れない。そして、エルデモヴィチと同じく、家族は西側のある国で安全な市民生活が欧米権力によって保証保護されたであろう。第一に、ドゥシコ・タディチが検察の告発する類の犯罪を犯していたならば、そして第二に、彼が近代個人的・合理的人間であれば、彼および彼の家族の個人的効用は、司法取引のチャンスを利用した方が圧倒的に高まったであろう。

ところが、事態はそうなっていない。彼は二〇年の刑を受け、一四年余の獄中生活を耐えた。その理由は、第一に無実の信念、第二に近代民族的人間性。先ず第二に関して言えば、タディチが検察側の証人として証言すれば、その被害は同民族のセルビア人被告達が負うことになる。従って個人的合理性に徹し切れない。特に第一の無実の信念が強い。エルデモヴィチの場合、第一の無実の信念に欠ける。第二に、自分の証言の被害はセルビア人被告等が負い、同民族のクロアチア人被告等に及ばない。

いずれにしても、紛争認識には「羅生門」性がつきまとう。「ハーグ国際法廷の挑戦」を特筆大書するのも構わないが、ハーグ国際法廷による冤罪創出の蓋然性をも心の片隅にとっておく必要もあろう。

ドゥシコ・タディチの無実証明執念は根深い。しかし残念ながら、欧米市民社会が文明の新機軸として打ち立てた国際戦犯法廷の被告第一号の法的地位は変更されないだろう。第一号が冤罪であるとは、法廷の権威、文明社会の権威にかけて承認されないであろう。彼が例えば「第三〇号」であれば、別かもしれないが。

解題　リベラル文明の盲点

——「タディチ日記」を読むために

I　ドゥシコ・タディチとは

ドゥシコ・タディチ DuškoTadičは、一九五五年十月一日に旧ユーゴスラヴィア連邦の構成共和国ボスニア・ヘルツエゴヴィナ（B・i・H）社会主義共和国の町コザラツに生まれた。その町のカフェバー店主であり、空手師範である。また、B・i・Hのセルビア民族主義政党であるセルビア民主党（SDS）のコザラツ地区の指導者であった。本文にもある通り、カフェバーをNIPON「ニポン」と名付け、NIPPON「ニッポン」のつもりである。空手は、和道会の流れに属する。四人兄弟の末弟であり、長男を除く三人は、すべて Shindo-Yoshin-Ryu Wadokai Karate 神道揚心流和道会の Sensei 先生である事を大変誇りとしている。裁判闘争で弟ドゥシコを支えた次男リュボミルの長男もまた空手家であり、左腕に大きく黒々と「和道会」、そして右腕に「空手道」と入れ墨をしている。そんな親日本家族だから、ドゥシコは、出獄後に出版した『ハーグ囚人第一号の日記』を見ず知らずの日本人 Japanac の私に送って来たのであろう。

ハーグ法廷、正式には旧ユーゴ国際刑事裁判所（ICTY）は、一九九三年五月二十五日の国連安保理決議で設立され、オランダのハーグに本拠地を置く。旧ユーゴスラヴィア解体の過程で勃発した旧ユーゴスラヴィア多民族戦争における諸戦争犯罪を裁く事を本旨とする。戦争犯罪とは、①一九四九年ジュネーヴ条約の重大侵犯、②戦争法規・戦争慣習の侵犯、③ジェノサイド（族滅）罪、

④人道に反する犯罪である。

ドゥシコ・タディチは、一九九四年二月一二日にドイツのミュンヘンで逮捕され、一九九五年四月二四日にICTYに移管され、一九九五年四月二六日に最初の出廷で、全面的に罪状否認する。裁判院（第一審）の判決は、一九九七年七月一四日に下され、二〇年の刑期であった。控訴審（第二審）のそれは、一九九九年一月一一日、二五年の刑期であった。しかし、二〇〇〇年一月二六日に第一審と同じ二〇年の刑期に変更された。そして、ドイツの刑務所に服役して、二〇〇八年七月一七日に釈放されることになる。

Ⅱ　日本におけるタディチ像

本書『ハーグ囚人第一号の日記』でドゥシコが訴えている所の本質を理解する上で、日本で出版された諸文献において、ドゥシコ・タディチがどのように見なされているかを具体的に知ることが肝要である。三人の著者の文献から引用しておこう。『日記』本文と付き合わせて読んで欲しい。

多谷千香子

ところで、ガットマン記者の記事で世界に知られるようになった悪名高いオマルスカ強制収容所は、鉄鉱石の採掘・精錬所跡を利用したものであった。一九九四年二月、戦犯第一号としてドイツで捕まり、ＩＣＴＹに移送されたタディッチは、オマルスカ強制収容所で特別取調官をしていた人物である。

タディッチは、ナイフで収容者の足の腱を切ったり、収容者が互いに手足を切りあったりさせた。なかでも想像を超える残虐行為は、収容者の一人ジャクポビッチにガソリンを飲むことを強制したうえ、二人の収容者の睾丸を噛み切って殺させたことである。被害者の一人は、以前タディッチを捕まえたことのあるモスリム人警察官であり、もう一人の被害者は、高級車に乗っていたというだけの理由で惨殺された。その間、悲鳴が針金で縛られた口から漏れつづけたという。

オマルスカ強制収容所は、狭く、横になって寝ることもできないほど収容者であふれていた。そのため、新たな収容場所がないという理由で、トラックで到着した新入り全員が殺されたこともあった。収容者は、モスリム人の知識人約三〇〇〇人で、この中には女性三七人も含まれていた。タディッチは、収容者からモスリム人勢力の作戦や銃器の入手状況などを聞き出す任務についていたが、収容者の取り扱いについても事実上のフリーハンドを与えられており、残虐行為について上官から咎められることはなかった。タディッチは拘禁刑二〇年の判決を受けて、現在、ドイツで受刑中である。(〔6〕一二三、四頁)

ジョン・ヘーガン

タディッチ裁判は一九九六年十一月に判決が下された。控訴審の判決が下されたのはさらに半年後のことで、この裁判はほぼ四年かかったことになる。一審の判決では、タディッチは九つの罪状で有罪となり、二つの罪状で一部有罪、残りの二〇では無罪となった。判決では、「犯罪は、主犯あるいは従犯としてのドゥシュコ・タディッチによる殺害、殴打、強制退去および、コザラッツ、ボスニア北西のプリエドルにおける攻撃への関与からなる」と指摘された。関与こそが、最終的に、タディッチを有罪とした犯罪行為だった。判決には、人道に対する罪としての迫害を告発する文章が含まれ、これがもっとも長い文章となった。

検察側は、判決前審理で、タディッチは「強欲、敵意、嫉妬、偏見、非寛容から」罪を犯したと指摘し、終身刑を求刑した。当初の判決は驚くべきことに、スルプスカ共和国の武装勢力をJNAの延長上にあるものとみなすことができないため、これらの紛争を国際的なものと考えることができないと結論づけていた。アメリカ人の主任判事ガブリエレ・カーク・マクドナルドは、この点について、ボスニアのセルビア人勢力がJNAの強い影響下にあったとして異議を唱えた。

マクドナルドは判決を発表するとき、タディッチ裁判の二つの側面を強調した。彼女はタディッチに対し、「あなたは故意かつ残酷に、ナイフや鞭、鉄棒、拳銃の台尻、杖を用いてこれらの犯罪を実行しました。また、被害者を蹴りつけ、意識を失うまで縄で首を絞めました。なぜですか?」と劇的な調子で語り始め、「あなたは極端なセルビア・ナショナリズムを信奉し、セルビア人民主党（ＳＤＳ）で主要な役割を果たすようになりました」と続けた。前者（残酷な諸犯行）については、事実によって確固たる根拠が示されていたが、タディッチが「主要な」政治的役割を果たしたとする後者の主張は、説得力を持った形では立証されなかった。それでも、タディッチは明らかに虐殺およびセルビア人が主導する悪意に満ちた政策に深く関与しており、「（政策への）理解と支持を行動に移したことによって、ドゥシュコ・タディッチは単なる戦争犯罪ではなく人道に対する罪を犯した責任を有する。これは判決の重要な要素である」とされた。一審の判決は拘禁刑二〇年だった。

弁護側・検察側とも判決と刑期について控訴したため、裁判は二十一世紀に突入することになった。控訴を決定づけたもっと重要な点は、タディッチが関与したボスニア紛争が国際紛争であるという点である。当初の判決が変更され、タディッチはその他の殺人によっても有罪となるが、より重要なのは、ミロシェヴィッチ指揮下のＪＮＡがボスニア紛争で果たした役割を確認したことにある。これは、マクドナルドの異議申し立てを認めるもので、ボスニアのセルビア人勢力と、民兵組織、ＪＮＡとの間に、人員面、組織面、兵站面で緊密な連携が存在するとの結論が下された。

控訴審では、ジュネーブ協定のもと、五件の殺人を含む国際的な訴因が追加された結果、タディッチには拘禁刑二五年が言い渡された。弁護側は、タディッチは「サメの海の中のオタマジャクシ」にすぎないとして控訴し、これでは、もし「サメたち」に求刑するとしたら判決はいったいどのようなものになるのかとの疑問を投げかけた。これに対してマクドナルド判事は、

タディッチの被害者は彼をオタマジャクシとみなすとはおもわれないと応酬した。（〔5〕一五四～五六頁）

佐原徹哉

セルビア民主党指導者たちも第二次世界戦争中のジェノサイドを好んで口にし、戦争準備に結びつけていた。例えば、プルニャヴォル市長、ネマーニャ・ヴァスィチは、一九九三年に「セルビア民主党は適切な時期にセルビア民族を武装させることでジェノサイドを未然に防いだ立役者である」とまで発言している。後にコザラッ事件で有罪判決を受けたドゥシュコ・タディチの自己弁護の論理にもその一端を見ることができる。タディチはコザラッで「ニッポン」という名の喫茶店を経営してボスニア人相手に商売をし、友人の大部分もボスニア人であった。ところが一九九〇年に「民主行動党コザラッ支部の青年ボスニア」からの脅迫状を受け取ったことで突然セルビア民族主義に目覚めたと主張している。脅迫状は自作自演ではないかと見られているが、少なくとも自己の犯罪をジェノサイドへの予防措置として正当化しようという意図を見ることはできるだろう。（〔4〕一六〇、六一頁）

Ⅲ 「髭面」の男と毎日新聞記者

ドゥシコ・タディチは、彼を含むセルビア人武装グループによって犯され、それが故に彼がICTYによって起訴された残虐な戦争犯罪の諸事実を否定しているわけではない。そのような諸事件すべては、報道や法廷ではじめて知ったのであり、彼は、それら諸事件の現場にはいなかった、別の場所にいた、と主張する。タディチの妻は、勿論夫を信じているし、当時幼児であった娘二人も父親を信じている。今年の六月に私が二泊したバニャルカの兄の家で兄リュボミルは、「弟はあんなこと出来なかった。だって、あの時、弟はここにおれ達の所にいた。」とくったくなく笑顔でかつ真顔で私に語っていた。リュボミルの妻もそうだった。彼等の息子達もそうだった。刑事ならぬ私は、彼等の話の真偽を確認するすべがない。ただただ実の弟の無実を確信する兄の姿に一種の感動を覚えた。

ドゥシコ・タディチは、アリバイを主張するだけでなく、更に一歩進んで真犯人を名指す。オマルスカ収容所内、そしてコザラッツ周辺の村における残忍な加害・殺害行為をムスリム人（一九九三年よりボシニャク人）達によって目撃された「髭面」の男は、ドゥシコ・タディチではなく、自分によく似ている男、オマルスカ収容所近くのマリチカ村に当時住んでいたZ（タディチは実名を出している）であると、写真をつけて、主張する。

真犯人問題でドゥシコ・タディチは、彼のセルビア人弁護士ミラン・ヴゥインと衝突した。64・

「法廷軽視」を参照。ここでは、兄リュボミルがセルビアの日刊紙『ブリツ』（一九九九年初、私が入手したコピーには月日がない。）に発表した意見を紹介する。

プリェドルの者すべては、戦争当時この地域で誰が何をやったかを知っている。私は、弟のドゥシャン（＝ドゥシコ）の裁判のために二五〇人の証人を見付けた。しかし、プリェドル権力（危機管理本部。岩田）は、証言しないように脅迫した。シモ・ドルリャチャ、プリュドル警察署長で、自身ハーグの起訴者リストに名前がのっており、一九九七年年七月一〇日にSFOR（NATOのB・iH安定化部隊、一九九六年一月〜二〇〇五年一二月。岩田）のイギリス軍小隊が逮捕に向かった時に射殺された人物が鍵的役割を演じていた。彼は全権を掌握しており、プリェドル地域における証人聴取を許さなかった。

ベオグラードの弁護士ヴゥインは、プリェドルで誰が犯罪を犯したのか良く知っていたが、彼等を出廷させるように努力しなかった。プリェドル権力の抵抗にぶつかって、やがて同調した。私の弟を弁護したのではなく、彼らを守護したのだ。

プリェドル地域で戦争犯罪を犯した者達は、地域の警察から新しい身分証明書をもらって、今日ユーゴスラヴィア（セルビアとモンテネグロ。岩田）にかくれ住んでいる。

私は、本書『ハーグ囚人第一号の日記』を抄訳し要約して日本で出版する事をドゥシコ・タディチに約束するに当り、彼が真犯人と見なす「髭面」の男Zがこの世に実在する事を確信しておきたかった。真犯人であるか否かは不明にせよ、Zなる人物がドゥシコ・タディチが自分をかばうために創り出した仮空であったとすれば、本書の記述の肝腎要めが絵空事になってしまう。

六月中旬、バニャルカ、プリェドル、コザラツ、コザラ山、オマルスカ収容所跡、トルノポリェ収容所跡、ケラテルム収容所跡等を約一週間かけてまわってみた。

コザラツでは、ドゥシコ・タディチがムスリム人警察官二人を虐殺した現場とされる正教会を訪れたし、ムスリム人警官二人が実際に殺されたとされる約二キロ離れた現場にも立って来た。ドゥシコ自身は、コザラツ攻撃時、コザラツではなく、バニャルカにいたとアリバイを主張しているのであって、殺人現場がコザラツの町の中のどこであろうと関係ないのであるが、ハーグ法廷は、正教会前の殺人を事実と認定して、ドゥシコ有罪の一根拠としているから、この相違は無視出来ない。現場を歩いてみたかぎり、二つの現場を同時に見ることの出来る場所はない。同じ二人の人間が二キロ離れた二箇所で同時に殺される事はあり得ない。法廷が採用したムスリム人証人か、法廷は知ってか知らずか採用しなかった別の現場証人か、いずれかが偽証している事になる。17.「おそるべき起訴状」を参照。

バニャルカの次兄リュボミルの家で「髭面」の男が実在するか否かを問うてみた。リェボミルは驚くべき事を断言する。「おれは何回も会っている。」ハーグから弁護団の調査チームがやって来た時に、彼等の車の運転手になって当時Zが住んでいた所に行っており、Zは、運転手がドゥシコ・タディチの兄であるとはしらなかったろうが、「おれはかげで何枚も写真をとった。但し、もう髭はなかったが……。」と言って、奥から写真をもって来て、私にくれた。たしかに、髭無しのドゥシコ・タディチによく似ていた。

ドゥシコ・タディチと一緒に、戦争中プリェドルに置かれていた国際赤十字の保安係をしていた人物を訪ねた。「髭面」の男が国際赤十字で一時働いていた事を認めた。彼が「ドゥシコのそっくりさんだったのか。」ときいた時は、イエスもノーも口に出さなかったが、丁度そこへ顔を出した彼の妻が「ああ、あの男Zね。」と「髭面」の本名を叫んだ。後に誰れからか忘れたが、「髭面」の男は、国際赤十字の支援物資を諸収容所に配送していたとの情報を得た。ここからは、私の単なる推測にすぎないが、戦争期の全権掌握者シモ・ドルリャチャとつながりがなければ、国際赤十字の現地の仕事にもつけず、ドゥシコ・タディチ裁判の間もかげにかくれていることも出来なかったろう。また、国際赤十字の方も自分達の臨時の現地採用者達の中から非道無道な人物を表に出すのはためらいがあったであろう。

かくして、Zの実在は確信してよいようである。ところが灯台下暗しであって、日本の毎日新聞記者伊藤芳明は「髭面」の男の存在をすでに一九九三年二月につかんでいた。クロアチア共和国のある難民収容所センターでコザラッツ出身ムスリム人難民ハサン（二五歳、仮名）が「髭面」の男について語る諸事実を記録していた。

伊藤芳明

「ハサンさんはコザラッ出身で建設作業員、……オマルスカ強制収容所に送られた。」(〔1〕七〇頁)

「ヒゲ面の兵士がこれに気づき、その男の喉元を踏み付け始めた。ハサンさんはその時になって初めて、虫の息で横たわっている男が、コザラッ出身の幼なじみであることに気がついた。」(〔1〕七二頁)

「例のヒゲ面の兵士がハサンさんら二人のもとにきて、瀕死のまま床に横たわっている幼なじみを指さして話し始めた。もう一人の収容所に対しては幼なじみの局部を歯で噛みきってとどめを刺すよう、ハサンさんには声が漏れないように口を抑えることを命じたのだ。『もし声が漏れたら、ふたりとも殺す』ヒゲ面の兵士に言われて、ハサンさんらは立ち上がった。」(〔1〕七二頁)

「ヒゲ面の兵士は前線にでも送られたのか、間もなく姿が見えなくなった。」(〔1〕七三頁)

「ハサン」と「もう一人の収容者」こそ、タディチ裁判の検事側証人「H」と「G」であることは確実だ。67.「face to faceで」と68.「伏し目」を参照。

毎日新聞記者伊藤芳明はタディチがミュンヘンで逮捕される一九九四年二月より一年前にタディチ裁判の検察側重要証人「H」にインタビューしていたことになる。

私のように刑事事件に素人である者から見ても、「髭面」の男がコザラッのドゥシコ・タディチであるか、オマルスカ収容所に近いマリチカ村の住人Zであるのか、弁別する事は、検察側にその意図があれば、それほど困難な仕事であるように思えない。人違いなのか否か。

ところで、ボスニア・ヘルツェゴヴィナの戦乱状況からほど遠い平和な日本社会の首都東京においても、同じような人違い事件が発生した。福島第一原発事故再発に警鐘をならすテントが経産省管理遊休国有地に出現し、国が国有地不法占有の賠償を求め、占有者二人に対して民事訴訟を起こした。平成二五年七月二二日に第二回口頭弁論が東京地裁で開かれたが、『朝日新聞』七月二三日によると、国が提出した証拠写真三枚のいずれも被告本人ではなく、別人のものであった。早速「ちきゅう座」ネットで「七月二三日、経産省前テント裁判の爆笑法廷」を開いてみる。被告正清氏と別人A氏は、ともに白髪、目付き、鼻付き、顔付きが似ている。しかし、体格は全く異なる。それなのに、経産省の役人は、一〇メートル先のテントにいた正清氏とA氏を識別出来なかった。A氏の写真を正清氏の不法行為の現場写真として裁判所に提出した。弁護団に追求され、国の代表者はただただ沈黙。傍聴席は満座爆笑であったと言う。平時でもこんな取り違えが起った。ましていわんや、凶事混乱の最中においてをや。

『ハーグ囚人第一号の日記』によれば、「髭面」の男をドゥシコ・タディチではないと弁別した証人達は、タディチと付き合いがあり、彼の声を知っていた人達であった。経産省の役人もテントを何回となく訪ね、十分に議論して、テント住民の声が頭に入ってるほど識別していれば、こんな無様を演じなかったであろう。

Ⅳ　悲劇の町コザラッツ周辺

バニャルカ市は、セルビア共和国の首都ベオグラードから西へ約三七四キロメートル、ボスニア・ヘルツェゴヴィナ（BiH）を構成する二つの準国家、ボスニア・ヘルツェゴヴィナ連邦（ボシニャク人＝ムスリム人とクロアチア人）とセルビア人共和国のうち後者の政治中心地である。BiH内戦が勃発する直前の一九九一年調査によると、総人口一四万二、六六四人である。民族別は、H（クロアチア人）―一万五、六三一人（11・0％）、M（ムスリム人）―二万七、六五五人（19・4％）、S（セルビア人）―七万一六〇人（49・2％）、O（その他の極小民族、ユーゴスラヴィア人）―二万九、一八七人（19・4％）。市を含むバニャルカ・オプシティナ（≒県）の総人口は、一九万五、一三九人。民族構成は、H―14・9％、M―14・6％、S―54・8％、O―15・7％である。（〔9〕）

プリエドル市は、バニャルカの北北西約五二キロメートル、セルビア人共和国第二の都市である。民族別は、H―一、七五六人（5・1％）、M―一万三、三七二人（38・6％）、S―一万三、九六九人（40・3％）、O―五、五三〇人（16・0％）。市を含むプリエドル・オプシティナ（≒県）の総人口は、一一万二、四七〇人。民族構成は、H―5・6％、M―44・0％、S―42・5％、O―7・9％。（〔9〕）

コザラツ周辺地図（岩田作成）

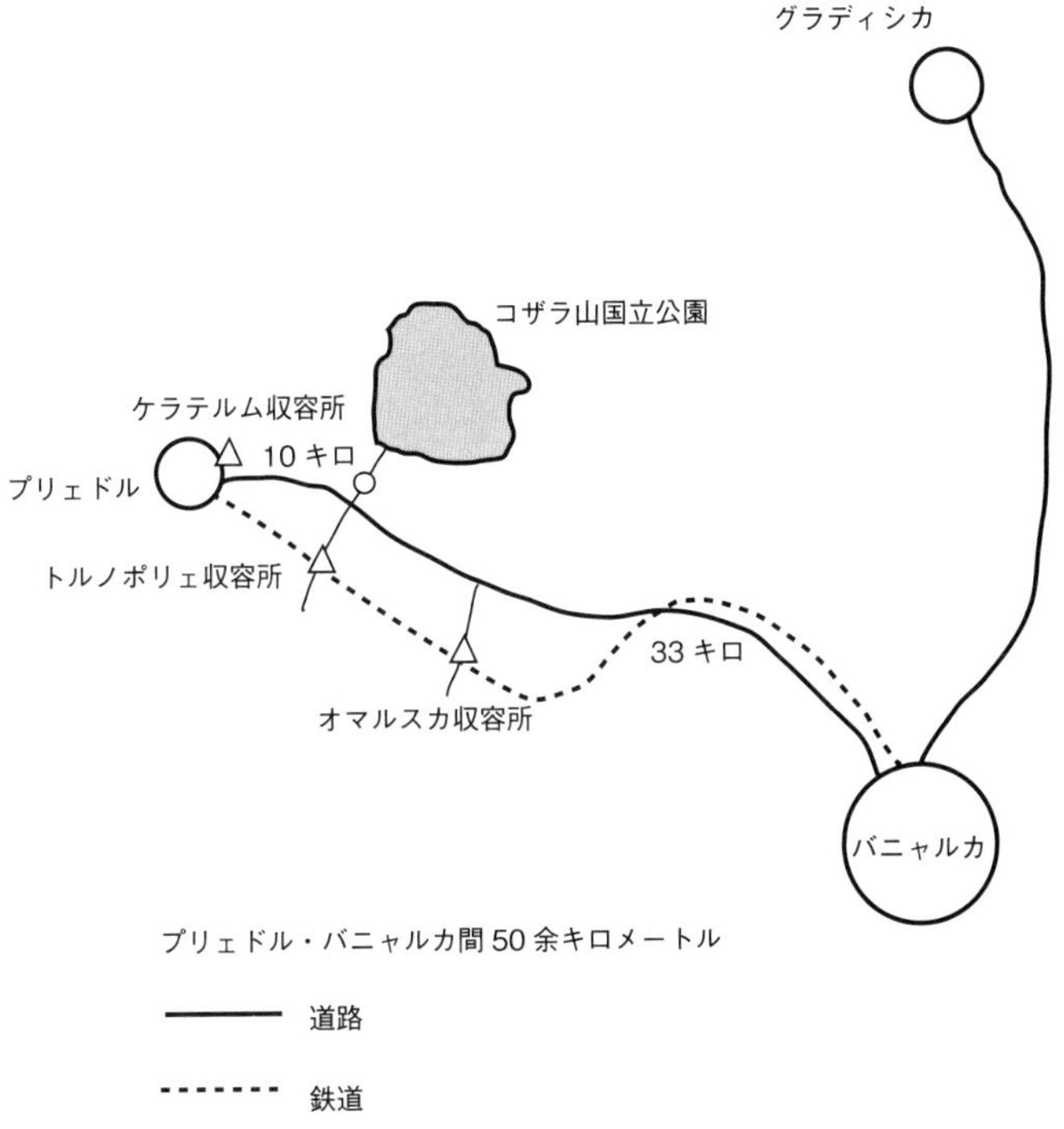

コザラツの町は、プリェドル市から幹線道路をバニャルカ市方面に走って一〇キロメートル、その北側に位置する。国立公園コザラツ山系の入口の町である。一九六〇年代中半まではコザラツを中心とするコザラツ・オプシティナ（県）が存在していたが、それ以後はプリェドル・オプシティナ（県）に吸収合併された。一九六一年のコザラツ・オプシティナ（県）は、総人口一万四、四五五人。民族別は、H—一三三四人、M—一万四四二人、S—二、九九二人、その他六八七人である。内戦勃発

直前のコザラッツの総人口は、四〇四五人。民族別は、H―三五人（0・86％）、M―三、七四〇人（92％）、S―九六人（0・86％）、O―一七四人（4・29％）であった。コザラッツの町の周辺集落を含むコザラッツMZ（Mesna Zajednica、居住共同体）の人口は、八、〇三八人である。（〔9〕に人口一万人以下集落のデータなし。ネットでコザラッツ kozarac B・i・Hを検索。）

今年六月中旬、私がコザラッツの町とその周辺を見聞きして来た印象では、コザラッツとその周辺は、セルビア人共和国に所属しながら、戦争前にもましてムスリム人優勢地域になっているようである。数多くの真新しいジャミア（回教寺院）、美しいデザインの九二〜九五年戦争無辜殉難者記念堂、新しく連なるムスリム人豪邸とその間に散居するセルビア人貧家。コザラッツの町の古い正教会、ドゥシコ・タディチ等が交代で警護していたと言う正教会は、閉鎖されていて、新しい正教会がすぐかたわらに建てられていた。しかし、人影は全くなかった。コザラッツの町に残っているセルビア人家族は、五指を数えるが、十指に満たない。私は、それら五軒をすべて見て来たし、一時間ほど居間で話し合った所もある。但し、『第一号の日記』に登場する正教僧の居宅を訪ねたが、留守だった。

コザラ山系に近いコザラッツの町はずれ、谷川沿いにある元ユーゴスラヴィア軍事務官の一軒家を訪ねた。この一人住まいの老人は、一軒家と付属菜園を売却して、セルビア共和国のパンチェヴォかマリ・ズヴォルニクへ引越したいと希望していた。しかし、周辺のムスリム人達は買おうとしない。土地建物に興味がないからではない。老人の言によれば、「待てば待つほど値が下がるし、私が死ねば、ただ同然で手にはいるからだ。」

余談になるが、私は、戦争中の一九九四年七月三一日から八月三日にかけて、ベオグラードからBiHを通り抜けて、クライナ・セルビア人共和国（クロアチア）首都クニンまでバス旅行したことがある。プリェドルのバスセンターでセルビア人若者が「一〇キロ先までムスリム人を追っ払った。もう安心だ。」と晴々と語っていたのが印象的だった。八月二日にはバニャルカのホテル「ボスナ」に一泊五〇ドルで泊まった。部屋のテレビは三星製であったが、こわれていた。バニャルカ大学の副学長を訪ねた時は停電だった。セルビア人共和国の副首相ヴィトミル・ポポヴィチの執務室も停電。自動小銃がそなえてあった。バニャルカ市内の墓地へ行くと、若い女性が夫の真新しい墓の前で泣いていた。夫は新聞記者でどこかの町で虐殺されて、遺体がもどってきたばかりだったと言う。ホテル「ボスナ」に向かう通りで、老婦人が「アメリカが空爆するとの噂だが、心配でたまらない。どう思う。」と聞いて来た。私は、断固として、「アメリカはそこまで不公平じゃない。大丈夫、心配するな。」と答えた。その一年後に空爆が実行された。

あの頃に比べれば、今年、二〇一三年のバニャルカもプリェドルもカラフルだ。元気だ。平和の良さとはこういうものか、と身体の緊張のなさが教えてくれる。ここにあの時の戦時旅行の記念としてクライナ・セルビア人共和国とBiHセルビア人共和国の入国許可証を提示する。

日本のパスポートさえあれば、戦争中でさえ、セルビア共和国、クロアチア共和国、BiHムスリム人支配地域へビザ無しで入国出来た。ところが、二つのセルビア人準国家への入国は、特別の

БИРО РЕПУБЛИКЕ СРПСКЕ

11000 Београд, улица Моше Пијаде бр. 8/5 Телефон: 011/338-876; Факс: 011/338-633

број 01-11-1037/94

Београд 04. avgust 1994. godine

Biro Republike Srpske sa sjedištem u Beogradu,

izdaje

O D O B R E N J E

za ulazak u Republiku Srpsku državljaninu Japana **IWATA MASAYUKI** iz Tokija, putna isprava broj **MN1465268.**
Imenovani ide u službenu posjetu podpredsedniku Vlade Republike Srpske Vitomiru Popoviću.
Gospodin Iwata posjetiće takođe opštinu Trebinje.
Odobrenje važi od 05. avgusta do 12. avgusta 1994. godine na relaciji BEOGRAD - PALE - TREBINJE - BEOGRAD.
Molimo organe reda da omoguće nesmetano kretanje imenovanog.

D I R E K T O R

mr Momčilo Mandić

РЕПУБЛИКА СРПСКА
Биро Републике Српске Београд

BiH・セルビア人共和国入国許可証

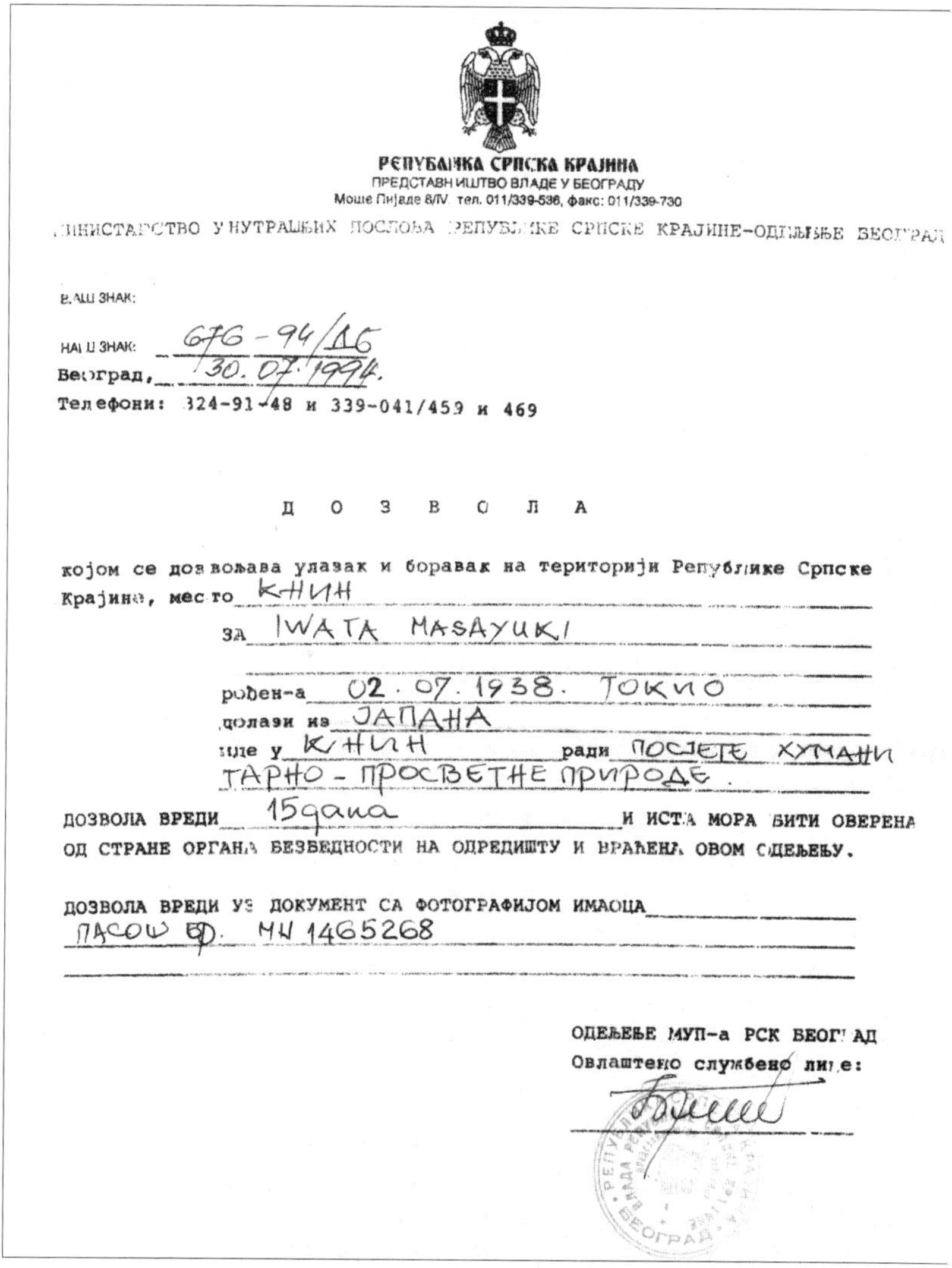

РЕПУБЛИКА СРПСКА КРАЈИНА
ПРЕДСТАВНИШТВО ВЛАДЕ У БЕОГРАДУ
Моше Пијаде 8/IV. тел. 011/339-536, факс: 011/339-730

МИНИСТАРСТВО УНУТРАШЊИХ ПОСЛОВА РЕПУБЛИКЕ СРПСКЕ КРАЈИНЕ-ОДЈЕЉЕЊЕ БЕОГРАД

ВАШ ЗНАК:

НАШ ЗНАК: 676-94/ДБ

Београд, 30. 07. 1994.

Телефони: 324-91-48 и 339-041/459 и 469

Д О З В О Л А

којом се дозвољава улазак и боравак на територији Републике Српске Крајине, место КНИН

за IWATA MASAYUKI

рођен-а 02. 07. 1938. ТОКИО

долази из ЈАПАНА

иде у КНИН ради ПОСЈЕТЕ ХУМАНИТАРНО-ПРОСВЕТНЕ ПРИРОДЕ.

ДОЗВОЛА ВРЕДИ 15 дана И ИСТА МОРА БИТИ ОВЕРЕНА ОД СТРАНЕ ОРГАНА БЕЗБЕДНОСТИ НА ОДРЕДИШТУ И ВРАЋЕНА ОВОМ ОДЕЉЕЊУ.

ДОЗВОЛА ВРЕДИ УЗ ДОКУМЕНТ СА ФОТОГРАФИЈОМ ИМАОЦА
ПАСОШ БР. MH 1465268

ОДЕЉЕЊЕ МУП-а РСК БЕОГРАД
Овлаштено службено лице:

クロアチア・クライナ・セルビア人共和国入国許可証

許可証が必要であった。もっとも、一九九二年三月、四月にはヴコヴァルへも、またセルビア人支配地域を通ってサライェヴォへもバスで行けた。一九九三年になると、セルビア共和国中部の田舎町からバスで検問なしでセルビア人共和国の田舎町ズボルニクに入れて、民泊出来た。さらに先へ進もうとすると、軍営へ出頭させられ、ベオグラードのセルビア人共和国代表部で許可証をもらって来い、と追い返された。

私の経験では、セルビア人準国家への入国は厳しかったが、入国後の統制は全くなかった。それに対してムスリム人地域内の旅のコントロールは行きとどいていた。

V 「コザラツ」二ヶ月前の民族浄化

バニャルカの北東にボサンスキ・ブロド市がある。道路距離で一一二キロメートル、サワ河をはさんで、クロアチア共和国の都市スラヴォンスキ・ブロドと一対をなしている。ボサンスキ・ブロド・オプシティナの総人口は、三万三、九六二人。民族別は、H—一万三、九二三人（41・0％）、M—四、一四〇人（12・2％）、S—一万一四六四人（33・8％）、O—四、四三五人（13・0％）。（〔9〕）

BiHにおける多民族戦争は、一九九二年四月六日にEC諸国が、七日にアメリカがボスニア・ヘルツェゴヴィナのユーゴスラヴィアからの離脱・独立を国際承認したことに反撥して、BiH内のセルビア人勢力がセルビア人共和国の分離・独立を正式に宣言した事が原因で勃発した。かかるコンテクストで、戦争準備万端のセルビア人軍がサライェヴォを包囲砲撃し、プリェドルのムスリム人・クロアチア人連合を残酷なやり方で制圧し、そしてプリェドル・オプシティナ（県）のムスリム人拠点コザラッを破壊しつくし、ムスリム人住民をオマルスカ、ケラテルム、トルノポリェの収容所にたたき込み、その苦しみを味合わさせた。

通常の了解はそうである。しかしながら、もっとも重要な事実が見落とされている。ＢｉＨにおける多民族戦争は、独立前一九九二年三月にすでにボサンスキ・ブロドで始まっていた。すなわち、一九九二年三月三日、クロアチア共和国国民衛兵隊ＺＮＧ（Zbor Narodne Garde, Croatian National Guard）に所属する武装集団がＨＤＺ（クロアチア民主同盟と通常訳されているが、ＺはZajednica=共同体の頭文字なので、クロアチア民主共同党と訳す。）とＳＤＡ（民主行動党、Ｂ・ｉＨの諸民族を包含する政党の合意で民族名が入っていない。しかし、事実上ムスリム＝ボシニャク人の民族政党）のパラミリタリー部隊の助力の下でボサンスキ・ブロドを占領した。それまでの三民族連立地方政権は排除されて、反セルビア人の旗幟を鮮明にしたＨＤＺ・ＳＤＡ連合がオプシティナの全権力を掌握した。ボサンスキ・ブロド市のセルビア人は、市の外へ出る事を禁止された。

セルビア人迫害と殺害が起った。最初の犠牲者は、マルティチ一家であった。アンドリア・マルティチが経営する自宅の喫茶店が爆破された。自宅からアンドリア、モミル、メリマ、Dj・コンジチ（モミルの妻、ムスリム人女性）が連れ出され、たまたま居合わせたブランコ・ドゥヤニチもまた連れ出された。ＪＮＡ通り（ＪＮＡとはユーゴスラヴィア人民軍＝連邦軍の略称）を走らされ、アンドリアと息子モミル、そしてドゥシコ・ドゥヤニチは射殺され、メリマ・マルティチは重傷を負い、ブランコ・ドゥヤニチは逃げることが出来た。生存者の証言によると、この犯行の首謀者は、ヨゾ・コシゥル、マルティチ一家の隣人であった。セルビア共和国の南部ムスリム人地域ノヴィパザールのムスリム人もまた参加していた。襲撃者全員がクロアチア共和国軍の制服を着ていた。(〔14〕二五五頁)ここで、ZNGとは、クロアチア大統領トゥジマンが一九九一年四月二〇日に署名したZNG編成令に基づくクロアチア正規軍であって、一九九一年一一月三日にクロアチア軍(Hrvatska Vojska, HV)に改名された。

一九九二年三月二六日に(ボサンスキ・ブロド周辺のセルビア人が多い)小村シイェコヴァッで最初の虐殺が行なわれた。虐殺事件の数時間前、クロアチア人とムスリム人から成る危機管理本部へセルビア人指導者を協議に招いて、安全を保証していた。ZNG第一〇八旅団の一大隊は、すでにサワ河を越えて、現地に野営していた。兵士達はセルビア人ヨヴァン・ゼチェヴィチの家に入り、安全を保証して、一家の武器を提出させた。しかしながら、彼の隣家が武器の引き渡しを拒否したので、兵士達は、銃火器を発砲し、ヨヴァン・ゼチェヴィチを殺害し、彼の息子達の喉首を切った。狂乱の犯行は続いた。村の家々を次から次にまわり、破壊し、放火し、抵抗力のない住民達を殺害した。多くは喉首を切られ、焼却された。残りの死体は保冷車で運ばれて、サワ河に放棄された。放火されたセルビア人の家は五〇軒以上である。(〔11〕一四三頁)

ＢｉＨ独立後の四月十三日、クロアチア軍は、ＨＤＺとＳＤＡのパラミタリー部隊と共にデルヴェンタのＪＮＡ(連邦軍)兵営を攻撃した。デルヴェンタは、ボサンスキ・ブロドからバニャルカ方面に向かって30キロメートル弱の所にある。国際社会の圧力で、連邦軍がＢｉＨから撤退を一九九二年五月四日に決定した。

連邦軍の自動車化・戦車部隊のボサンスキ・ブロド・オプシティナからの撤退によって抑止力から解放されたクロアチア人軍とムスリム人軍は、この地域の民族浄化を開始し、一九九二年五月一一、一二日に終了した。多くのセルビア人は脱出したが、ボサンスキ・ブロド市の大部分のセルビア人と市周辺の村々のセルビア人の一部は、クロアチア人・ムスリム人権力が設立した一〇ヶ所の収容所に収容されて、プリェドル・オプシティナのムスリム人被収容者達の運命を先取りすることになる。ボサンスキ・ブロドの諸収容所には、約二〇〇〇人のセルビア市民が収容されていた。（(14) 二五六、七頁）彼等の運命は、ムスリム人やクロアチア人の被収容者と比較して、欧米市民社会の同情と注目の外におかれていたので、より過酷だったかも知れない。

態勢を建て直したセルビア人勢力、すなわちセルビア人共和国軍は、連邦軍撤退後、ボスニア・ヘルツェゴヴィナ出身セルビア人兵士を中心に建軍され、クロアチア軍に制圧されたポサヴィナ（サワ河沿岸）地方の奪還作戦を開始した。一九九二年一〇月七日にボサンスキ・ブロド・オプシティナを「解放」（セルビア人視点の表現）した。今度は、イスメト・ジゥヘリチがひきいるムスリム人部隊がオプシティナの「解放」にセルビア人と一緒にたたかっていた。「残念なことに、占領期クロアチア－ムスリム軍と遭遇したセルビア人市民の誰一人として自由を出迎えることはなかった。」（(14) 二五八頁）

上述のシイェコヴァッ村虐殺事件とボサンスキ・ブロドのクロアチア正規軍ZNGとムスリム人軍の共同作戦による制圧に関して、私は、セルビア人側の資料に依って記述した。

クロアチア人側資料によると、どうなっているであろうか。文献(12)一〇二〜一〇七頁は、一九九二年の春と夏の諸事件を記述しているが、オマルスカやケラテルムについて論述しているにもかかわらず、二ヶ月前のシイェコヴァッツ(ボサンスキ・ブロド)については沈黙している。文献(15)二三九頁に「三月二五日。セルビア人侵略者は、昨日と今日、ボサンスキ・ブロドを猛攻して、白砲約二千発を打ち込んだ。」とある。そして、同じ文献(15)二五七頁に「一〇月六日。ボサンスキ・ブロドに対するセルビア人軍の攻撃が三ヶ月続き、ブロド市の守備隊は撤退せざるを得なくなった。侵略者は、ボサンスキ・ブロドに入るや否や、クロアチア人とムスリム人の家々を略奪し、破壊した。」とある。

セルビア人側の資料と矛盾しないようである。勿論、ボサンスキ・ブロド「解放」か「侵略」かは、各民族夫々の主観的評価である。

ちなみに、私は、一九九三年九月二八日夕刻、サワ河のスラヴォンスキ・ブロド側、つまりクロアチア側の岸辺に立って、ZNGの兵営近くで、対岸のボサンスキ・ブロドを見つめていた。両ブロドをつなぐ鉄橋が無残に河中に崩落していた。

オシイェクからサラボンスキ・プロドに列車で着いて、サワ河方向へ町を歩いていると、クロアチア軍警二人に誰何された。「サワ河を見たい。」と言うと、「自己責任だぞ。」と言って放免してくれた。最前線のサワ河両岸の建物は殆ど黒こげであった。そこから二百メートル引込むとそれなりの市民生活が――大変緊張しているのだろうが――普通に営まれている。私は、この二百メートル、生死の落差をしっかり感じた。私がスラヴォンスキ・ブロドを訪れた理由は、妻の伯父（セルビア人）の妻がスラヴォンスキ・ブロド近くの村出身のクロアチア人女性であったので、頼まれて、彼女の親族の安否を見ることだった。残念ながら、その村へは行けなかった。

VI　兄弟殺しの前史

ドゥシコ・タディチが巻き込まれた、あるいは通説によれば、彼が主体的に実行したコザラッの民族浄化は、南スラヴ諸民族相互間の、つまり兄弟的諸民族間の殺し合い、兄弟殺しである。それは、一九九二年の四月に突如発生したのではない。長い前史がある。差し当り第一次世界大戦にまでさかのぼろう。一九一二―一三年のバルカン戦争は、トルコ、モンテネグロ、ブルガリア、セルビア王国、ルーマニア、ギリシャがたたかった戦争であって、オーストリー・ハンガリー帝国版図のクロアチアやB・i・Hやスロヴェニアのクロアチア人、セルビア人、ムスリム人、スロヴェニア人にとって直接の関係はなかった。

第一次世界大戦期のセルビア王国とB-i-H

一九一四年六月二八日、サライェヴォでボスニア・セルビア人民族主義青年グループによってオーストリー皇太子フランツ・フェルディナントが暗殺された。オーストリー・ハンガリー帝国は、七月二八日にセルビア王国に宣戦を布告した。八月五日、モントネグロ（＝ツルナゴーラ）王国がオーストリー・ハンガリー帝国に宣戦布告した。かくして一九九〇年代前半のB・i・H多民族戦争の交戦諸民族がすべて第一次世界大戦で敵味方に分れて戦うことになった。ちなみに、現在、ICTYで裁判中のセルビア人共和国初代大統領ラドヴァン・カラジチは、ツルナゴーラ（＝モンテネグロ）出身である。

一九一四年八月一一日、オスカル・ポチョレク将軍麾下、帝国の三軍隊がドリナ河を渡河してB・i・Hからセルビアに侵攻した。帝国領内の南スラヴ人、すなわちクロアチア人、セルビア人そしてスロヴェニア人もまた動員されていた。当時は、ムスリム人＝ボシニャク人は、民族集団と認められていなかった。イスラムのクロアチア人であり、イスラムのセルビア人であったから、現在的な表現をすれば、ムスリム人もまた動員されていた。若干の部隊では、南スラヴ人が兵員の40％に達していた。当時二一才であった錠前工ヨシプ・ブロズ、後年のチトー大統領の姿がセルビア王国軍とたたかうオーストリー・ハンガリー軍の中に見られた。

初期の戦場は、東ボスニアのドリナ河であった。一九一四年九月後半、セルビア人義勇軍が押さえていたスレブレニツアをオーストリー軍が奪還した時、ムスリム人・クロアチア人部隊も一緒になって現地住民に対する惨たらしい報復を行なった。殺害された義勇軍隊長コスタ・トドロヴィチは、英雄となり、今日に至るまでセルビア人殉教伝説に生きている。

オーストリー軍のある軍令は命じる。「我々は、我々へのファナティックな憎悪に満ち満ちている住民の住む敵地で戦っている。……そのような住民に対して人間性や節度 Weichherzigkeit（心の優しさ）はすべて不適切であり、まさしく有害である。」かくして、「k.u.k 軍（kaiserlich und koniglich, オーストリー帝国とハンガリー王国の軍）は、パルチザン攻撃に対して一般住民を人質となし、数千の男女、子供を殺害し、村々を焼き払い、運べるものすべてを掠奪した。しかも、この事は、セルビアにおいてだけでなくドリナ河の向う岸、すなわちボスニア・ヘルツェゴヴィナ（B i H）に於いても現実だった。」ある兵士は、「我々の部隊は、三〇年戦争のスウェーデン人よりも非道く荒らし回った。」と告白していた。（(10) 七一～七三頁）

私は、以上のような第一次大戦の陸戦の中に現地の南スラヴ諸民族間の今日的な悲劇に通ずる大量の兄弟姉妹殺しを見る。

戦間期

周知のように、第一次大戦は、オーストリー・ハンガリー帝国とドイツ帝国の敗北で終った。オーストリー・ハンガリー帝国は、解体された。そこからの南スラヴ諸民族、その外のモンテネグロ、セルビアからなる、セルビア王国。カラジョルジェヴィチ王朝の統治するユーゴスラヴィア王国（一九二九年一〇月までは、セルビア人・クロアチア人・スロヴェニア人王国）が誕生した。一九一八年一二月一日のことであった。一九四一年四月にナチス・ドイツの侵攻で崩壊するまでの期間、一九九〇年代前半の多民族戦争に強く影響した諸事件は、あえてしぼれば三つある。第一は、一九三四年のアレクサンダル国王の暗殺。第二は、一九三九年のクロアチア自治州の成立。第三に、この時期に実施された農地改革。

国王暗殺

一九三四年一〇月九日、フランスへ公式訪問の最中、マルセイユの街路で、ユーゴスラヴィア国王アレクサンダル・カラジョルジェヴィチが暗殺された。イタリアに亡命していたクロアチア独立主義者アンテ・パヴェリチのウスタシャがブルガリアの民族組織VMRO（内部マケドニア革命組織）と手を組んで実行したテロであった。セルビア人支配に対するクロアチア人過激派の公然たる挑戦であって、第二次大戦中のクロアチア人ウスタシャとセルビア人チェトニク（セルビア王党派民族主義者）の血みどろの争いに直通する。

クロアチア自治州

一九三九年八月二六日、ベオグラード中心の中央集権的国家体制が緩和して、クロアチア自治州が成立する。ユーゴスラヴィアの総人口一四〇〇万人のうち四四〇万人を擁し、ザクレブに自治州議会が開設され、ユーゴスラヴィア国王と立法権を分担することになる。自治州ではクロアチア人が七四％を占め、セルビア人が八六万六〇〇〇人、ムスリム人が一六万四〇〇〇人であった。一九四一年四月にナチス・ドイツの侵攻により王国が崩壊すると、アドリア海沿岸をイタリアに譲るも、ボスニア・ヘルツェゴヴィナの全域と合体した。三九年の自治州成立自体は、セルビア人とクロアチア人の政治的成長の証拠であって、四一年にあえてＢｉＨを合併しなかったならば、その後の三民族関係は、より平和的に展開していたかも知れない。しかし、残念ながら、クロアチア独立国が成立する。セルビア人の憤激を惹起したことは言うまでもない。

農地改革

一九一九年一月六日、ユーゴスラヴィア国王は、農地改革を宣言した。実際は、第一次大戦末期にＢｉＨで進行していた農奴・小作人（＝クメト）と領主・地主の間の階級闘争、前者が後者から実力で、つまり暴力で土地を奪い取る闘争を追認した宣言であった。敗北しつつあるオーストリー・ハンガリー国家権力は、ＢｉＨ内の土地所有関係を安定させる能力を失っていた。ＢｉＨにおいて農地改革以前、地主・領主の大部分がムスリム教徒であり、小作人・農奴（＝クメト）の圧倒的多数がキリスト教徒、主にセルビア正教徒であった。セルビア王家が主権者であるユーゴスラヴィア王国における農地改革が圧倒的に後者に有利であったことは疑いない。

第二次大戦後の日本における農地改革が日本民族内部における地主・小作人関係の解消、かつ自作農制度の確立で終了し、政治経済的意味は大であったにせよ、いかなる民族的・宗教的意味を持たなかったのとは異なって、一九二〇年代のBiH農地改革は、まずは諸民族間の政治的力関係の逆転の経済的帰結であった。ムスリム人は、農地改革をボスニア・ムスリム人に対する経済的族滅(Ekonomski genocide nad Bosanskim Muslimanima)政策と捉え、憤怒をいだき続けた。そしてチャンスが来ると、その憤怒を表面化させた。ナチス・ドイツによるユーゴスラヴィア王国解体とセルビア王朝崩壊がそのチャンスであり、社会主義体制崩壊直後のBiH自由選挙におけるムスリム人政党SDA(民主行動党)の第一党確立もまたそれである。その憤怒は、ひるがえって、小土地所有者となって久しいセルビア人小農家層に極度の土地喪失不安をかきたてる。(〔13〕、〔3〕一四七〜六二頁)

参考までに気になる数字をあげておく。ドゥシコ・タディチが住んでいたボサンスカ・クライナ地方におけるセルビア人農奴・小作人(=クメト)の比重の高さである。一九一〇年の状況である。バニャルカのクメト農家数—四四五〇戸、セルビア人は三五七七戸(80・4%)、クロアチア人は八二六戸、ムスリム人は四四戸。ボサンスカ・グラディシカのクメト農家数—三一二〇戸、セルビア人は三〇八九戸(97・4%)、クロアチア人は五九戸、ムスリム人は二二戸。ボザンスカ・ドゥビツァのクメト農家数—一三七三戸、セルビア人は一三六八戸(99・8%)、クロアチア人五戸。ボサンスキ・ノヴィのクメト農家数—二四八六戸、セルビア人は二四七九戸(99・7%)、ムスリム人は七戸。プリェドルのクメト農家数—三八二八戸、セルビア人三六一二戸(94・4%)、クロ

アチア人は一二二戸、ムスリム人は九四戸。（(13) 一〇九頁）

第二次世界大戦期の内戦

ユーゴスラヴィア、とりわけＢｉＨにおける第二次世界大戦は、第一次世界大戦におけるのとは異なって諸国家軍対他の諸国家軍の正規戦ではなかった。一九四一年四月の段階ではナチス・ドイツ軍、イタリア軍、ハンガリー軍、そしてブルガリア軍は、ユーゴスラヴィア王国軍を攻撃し、撃破した。四月六日に始まった戦争は、四月一七日に王国軍の全面降伏で終了した。

その後は、降伏に肯んじない陸軍大佐ドラジャ・ミハイロヴィチのチェトニク軍＝王国軍残存部隊、ヒトラーとムッソリーニのバックアップで成立したウスタシャ首領アンテ・パヴェリチのクロアチア独立軍の軍隊（ドモブランと呼ばれる祖国防衛隊とウスタシャ軍）、そしてチトーひきいるユーゴスラヴィア共産党パルチザン部隊、更にまたナチス党がボスニア・ムスリム人エリートを選択し訓練して編成したムスリム人ＳＳ師団「ハンジャル」が入り乱れて戦うことになる。

チトーのパルチザン部隊は、一貫してナチス・ドイツ軍を主敵として戦い、セルビア民族主義やクロアチア民族主義から距離をおくユーゴスラヴィア主義をかかげていた。チェトニクは、米英側で反独・反伊であったが、チトーのユーゴスラヴィア主義と共産主義を嫌い、時には待機主義をとり、対独戦を避け、ウスタシャと手を組んでパルチザンにたたかいをいどむこともしばしばあった。このような乱戦の中で数多くの非道残虐・民族浄化が起った。乱戦の様相は、次のエピソードがよく物語る。
東ボスニアのフォチャの町は戦争中二七回も支配者を変えた。一九四二年にパルチザンの知る所では、その町のある商店主が売り台の下にドイツ旗、イタリア旗、ウスタシ旗、ユーゴスラヴィア・パルチザン旗をかくし持っており、夜間、町の外で戦闘が再発する毎に、緊張してきき耳をたて、急いで適切な旗をたてる。しかしながら、この気の毒な男は、イタリア軍によってコムニストだとされて射殺されてしまった。(10)一六五頁)
コザラッの町を北上すると、国立公園コザラ山系がある。頂上近くの平地に高さ三三メートルの巨大な石塔が建っており、それを中心に放射線状に石の花弁が二〇ばかり突き出ている。それは、一九四二年春に始まったユーゴスラヴィア・パルチザン部隊による最初の対ナチス・ドイツ軍、対ウスタシャ軍、そして対親独ムスリム人部隊の大規模抵抗作戦においてたおれた人々を記念する施設である。巨大石壁があって、この地域の諸戦闘でたおれたパルチザン戦士九九二一名の名前がブロンズに刻まれている。本書の著者ドゥシコ・タディチの親族の名前もまた複数あった。私は、ドゥシコと共に確認して来た。反抗作戦がドイツ軍とウスタシャ軍によって鎮圧された後、この地域だけで、数万のセルビア人男女老若がクロアチアのヤセノヴァツ強制収容所へ搬送された。
コザラ山から更に三〇キロメートル北上すると、サワ河にぶつかる。その対岸にヤセノヴァツ強制収容所があるが、施設規模もそこにおける死者の数も、ナチス・ドイツの諸収容所に匹敵する。今日、セルビア人研究者達の多くが主張する所によれば、ヤセノヴァツの犠牲者は、セルビア人—五〇万人、ロマ人—四万人、ユダヤ人—三万三〇〇〇人、反ファシスト抵抗者—一二万七〇〇〇人、子供—二万人であり、総計七〇万人である。これらの数字は、ヤセノヴァツ強制収容所の処刑場があった場所、すなわちサワ河のB・iH側岸辺、ヤセノヴァツの対岸ドニャ・グラディナ記念公園に大書されている。勿論、これらの数字は誇張があるとされ、クロアチア人は、約二〇分の一であるとし、西側の研究者やジャーナリストは、四分の一、ないし三分の一と見ている。

私は、未だに未整備の公園内記念館を六月中旬に訪問して来た。処刑場と言っても、ナチス・ドイツのアウシュビッツのそれのように近代装備の殺人工場でなく、一九七〇年代カンボジアのポルポト集団レベルのナイフ、ハンマー、棍棒、手斧によるマニュファクチュアであった。貴重な銃弾は、対パルチザン、対チェトニクの戦闘用であって、捕虜や被収容者の始末にはあまり使用しなかった。ナチス・ドイツとの共通性は、「純粋なアーリア人」ならぬ「純粋なクロアチア人」国家を創造すると言う信念明瞭な人種政策が確立されており、ユダヤ人狩りとセルビア人狩りを迷いなく遂行した所にある。（〔2〕「ヤセ、ヴァツとヤマ」）四五〜七五頁）

Ⅶ　社会主義建設と兄弟殺し

対アドルフ・ヒトラー、対アンテ・パヴェリチ、対ドラジャ・ミハイロヴィチの大戦争に勝利したヨシプ・ブロズ・チトーをトップとするユーゴスラヴィア共産党は、戦後間もなく、ソ連の独裁者スターリンと衝突して、国際共産主義運動から除名されるも、社会主義への夢は捨てずに、労働者自主管理、市場・協議の混合経済、そして非同盟外交を三本柱として、諸民族の「友愛と団結」の普遍主義的民族政策、すなわち連邦内インターナショナルの旗の下に新国家ユーゴスラヴィア社会主義連邦共和国の建設に突進して行った。今日においても強いノスタルジーがその時代を生きたすべてのユーゴスラヴィアの人々に残っている程に大成功を納めたと言ってよい。大成功を納めたはずであった労働者自主管理社会主義が何故に崩壊したのか、その分析は、私の数冊の著書にあるので、それを読んで欲しい。

ここでは、「友愛と団結」の民族政策の下に第二次大戦中の兄弟殺しの具体像がかくされてしまった事を指摘しておこう。全国に何十何百とある兄弟殺し的虐殺の現場では、すべてファシズムという抽象の犯罪にされた。殺された者の親族は、どこの村の、どこの町の何民族の誰が殺したのかを親から児へ、児から孫へ伝えている。殺した者もその親族も殺しの記憶を忘れずにいる。両者がたとえばコザラ山頂の記念石塔の前で社会主義共和国市民としての資格で慰霊祭をもよおす。また、ウスタシャが現地のセルビア村民を殺害して、投げ棄てた、カルスト台地の十数箇所の垂直洞穴（ヤマと言う）は、戦後そのままコンクリートで密封されて、社会主義政権は、その上に「ファシズムの犠牲者ここに眠る」の碑を建てた。（〔2〕四五～七五頁）勿論、生き残った者達は、自分の親や兄弟姉妹がそこに捨て置かれているのを知っている。私の知人のセルビア人女性は、一九八〇年代東京大学に留学していた時、かって父と一緒にクロアチアのクライナ地方のヤマに行って慰霊したことがあると語っていた。

ユーゴスラヴィア国内をすみずみまで訪ねまわったチトー大統領は、何故か、ヤセノヴァツ記念大石花を訪問し慰霊していなかった。

パルチザンの敵方の凶行に関してもこのような状態であったから、パルチザン自身の凶行の黙殺は徹底していた。例えば、一九四五年五月にオーストリーの町（スロヴェニア国境に近い）ブライブルグでイギリス軍によって引き渡されたウスタシャ軍人、チェトニク軍人、そして家族達のパルチザンによる処刑の犠牲者は、数万にのぼる。しかし、社会主義時代、私は、その話を聞いたことがなかった。社会主義崩壊とは、まさに第二次大戦中の兄弟殺し隠しの崩壊であった。その社会心理的反響は強烈であった。

Ⅷ　社会主義崩壊と階級形成闘争

社会主義崩壊は、より根源的な社会心理的マイナス面を伴っていた。それは、社会主義的所有関係、すなわち有価値ストック、資本財と土地の社会的所有＝社会的共有の私的所有関係への転換、より具体的に言えば、皆のものを誰がどれだけ自分の物となして、資本家となり、誰が何もとれずに、賃労働者としてかつての同僚に使用されるようになるのか、をめぐる社会的闘争、私の命名によれば、階級形成闘争が必然的に惹き起す相互不信、相互不満、相互不安のネガティブな社会心理が社会のすみずみに浸透する事である。それが諸民族間の歴史的反目に重なると兄弟殺し的内戦は避け難くなる。その上に、Ｂ・ｉ・Ｈの場合、セルビア人農民の小土地私有の正統性が前述のようにムスリム人によって脅かされる。難避が不可避に近付く。

ところで、かかる論脈で本書の53．「額へ弾丸を」を読んでいただきたい。そこには、多民族戦争の裏にひそむ階級形成闘争における勝者になりつつある者の本音が暴露されている。階級的利益が民族的利益に勝っている。プリェドル危機管理本部のセルビア人実力者は、「私を解任することは出来るだろう。そうなったならば、私は、この地域全体をクロアチアに合併させるだろう。私達は、倉庫に四六〇万トンの鉄鉱石を保有している。それをシサク（クロアチアの都市、製鉄所がある。岩田）へ運搬して加工するだろう。こうして金が入る。」言うまでもなく、この社会有鉄鉱石は、当時、強制収容所に転用されていた社会有オマルスカ鉱山（今日は私有化され、ミッタル製鉄の一部）産出であった。

Ⅸ　王政か共和制か

社会主義ユーゴスラヴィア崩壊後に成立した諸国家においてセルビア人地域においてのみ発生した固有の難問があった。クロアチア人やボシニャク人（＝ムスリム人）の所では起り得なかった政治問題であった。何故なら、彼らの王家・王統は、数百年昔、外圧の中で消滅していたから。セルビア人の最初の王朝、ネマニッチ王家も亦オスマン・トルコのバルカン支配の中で数百年前に姿を消していたが、セルビア人は、一九世紀前半の対トルコ独立闘争の渦中で二つの王家を誕生させていた。その一つ、カラジョルジェヴィチ王家が最終的に勝利者となり（一九〇三年）、ユーゴスラヴィア王国を建国することになる（一九一八年）。

ナチス・ドイツ軍侵攻で王国が崩壊すると、カラジョルジェヴィチ王家一族は、ロンドンに亡命する。パルチザン戦争を勝ち抜いたユーゴスラヴィア共産党（ソ連スターリンとの対決の中で「ユーゴスラヴィア共産主義者同盟」へ改称）領導下の政治は、当然の如く、王家一族の帰国を永久禁止とする。社会主義崩壊は、王家一族の帰国を実現させ、ここにセルビア民族の国体を共和制（の持続）とするか、王制（の再生）とするか、と言う政治課題が提起された。

有力な王位継承権者は、二人いる。第一位は、一九三四年にフランスのマルセーユで暗殺された国王アレクサンダルの孫のアレクサンダル・カラジョルジェヴィチであり、第二位は、国王アレクサンダルの次男トミスラヴ・カラジョルジェヴィチ（一九二八〜二〇〇〇年）である。セルビア本国では、当時、ミロシェヴィチのセルビア社会党が選挙では圧倒的に強く、王制復活を望む政治勢力は、その存在を誇示するのが精一杯であった。従って、活動の中心をセルビアに置いていたプリンス・アレクサンダルよりも、活動の範囲をクロアチアのセルビア人多数地域とBiHのセルビア人多数地域にまで拡げていたプリンス・トミスラヴの方がより大きな存在感を放っていた。当時の私の記憶では、両地域を合体して、「西セルビア大公国」をトミスラヴをいただいて建国する構想さえ囁かれていた。

この間の状況をあるクロアチア人の観察を参考に叙述しよう。

トミスラヴは、一九九一年末から一九九二年初以来、クニン（クライナ・セルビア人共和国の首都）、パレ（サライェヴォ近郊の村、ＢｉＨセルビア人共和国の政治中心地）、そしてバニャルカのテレビにしばしば登場するようになった。そして英語訛りのセルビア語で民衆に「大セルビア」を訴えた。両地域のセルビア人実力者達、ミラン・マルティチやラドヴァン・カラジチと共に、民衆集会、祝賀儀式、葬儀に姿を現わし、クロアチア人軍やムスリム人軍と対峙する最前線陣地さえ視察していた。セルビア正教会聖職達の支持を得ていた。

ミラン・マルティチやラドヴァン・カラジチ等も自分達の執務室にプリンス・トミスラヴの写真を飾り、自分達の軍隊に旧セルビア王国軍の軍装を採用し、トミスラヴの紋章と王冠が印刷されている自分達の準国家紙幣さえ発行した。両セルビア人地域が「共和国」を名乗っているのは、「社会主義者」スロボダン・ミロシェヴィチとの決定的衝突に至るまでの一時的方策であり、「ビザンチン流狡猾」、時期尚早の衝突を避ける為であろう、とこのクロアチアの論者は見ている。彼によれば、クロアチア戦争とＢｉＨ戦争において、ギリシャやルーマニアの戦闘的諸サークルがセルビア人側を公然と支援したのは、王家の血縁による。（〔12〕九七～一〇三頁）

当然、セルビア本国との関係は悪化する。セルビアによるＢｉＨセルビア人共和国に対する一九九四年八月の経済封鎖をかかるコンテクストからも考え直さねばなるまい。

ＢｉＨ戦争におけるセルビア大統領ミロシェヴィチの実質的影響力は、皮肉なことに、ＮＡＴＯによるＢｉＨセルビア人共和国空爆（一九九五年八月三〇日—九月一四日）によって決定的となった。

そして、一九九五年八月のクロアチア正規軍の「嵐作戦」、クライナ・セルビア人共和国の消失と八月のＮＡＴＯによる対セルビア人共和国空爆、ＢｉＨセルビア人共和国の弱体化とによって、プリンス・トミスラヴ・カラジョルジェヴィチの「西セルビア大公国」建国の夢も消えてしまった。

私が「タディチ裁判」に関連して、何故に王制対共和制の問題を説明したのか。ドゥシコ・タディチは、『日記』の2．「虚偽の証言者達」で「私の父は、ユーゴスラヴィア人民軍の将校で、友愛と団結の精神で子ども達は育てられた。」と書くように、チェトニク（王党派セルビア民族主義者）の伝統から無縁な家庭で育った。そんな彼が体制崩壊後のナショナリズム時代の嵐に巻き込まれて、対クロアチア・ナショナリズム、対ボシニャク（ムスリム人）・ナショナリズムの関係では、セルビア・ナショナリズム一般に身を置く事で困難なく対応し得たとしても、セルビア・ナショナリズム内部で王統派ナショナリズムが強くなって行く中で対処出来なくなって、戦線離脱し脱走の汚名をあえて選んだ。そして、ドイツへ逃げた。こんな推測も働く。また、もしかしたら、「髭面」の男は、チェトニクの家庭で、社会主義時代に冷遇されていたのかも……。推測に次ぐ推測はここで終り。

X　外的ファクター

ここで、旧ユーゴスラヴィア諸民族の相克を強化した、あるいは利用した二つの外的ファクターについて論じておこう。

クロアチア・ウスタシャの首領アンテ・パヴェリチの戦後の運命は、彼の上級同志、ムッソリーニとヒトラーのそれと、また敵手ドラジャ・ミハイロヴィチのそれと大きく異なっていた。ムッソリーニがイタリア民衆によって虐殺され、ヒトラーがベルリン地下司令部で自殺した時、ミハイロヴィチがチトー政権によって処刑された時、パヴェリチ等は、生き延び、自己の思想に忠実に再起を考えていた。

アンテ・パヴェリチ

一九四六年八月、オーストリーのイギリス軍占領地域から飛来した飛行機からクロアチアでビラがまかれた。そこには、Poglavnik ポグラヴニク（首領）・パヴェリチの署名があって、「セルビア共産主義の侵入に抗して闘争せよ。」とあった。一九四六年春、パヴェリチは、僧衣を身にまとい、オーストリーからローマに向かった。その時以来、パヴェリチの保護者は、イギリス秘密情報サーヴィスからヴァティカンに交替した。一九四七年初にはヴァティカン市国内にいる事が確認された。一九四七年に東西冷戦が始まった。チトーは最強のスターリン主義者とみなされ、米英の敵とされた。ひるがえって、チトーの敵アンテ・パヴェリチは、最悪の戦争犯罪者から、教養ある人物で社会的リベラル、ファナティックな反セルビア主義者で反正教主義者、カトリック信仰のために戦う中で過ちを犯した戦闘的カトリック、それ故にヴァティカンによる保護に値する人物、数百万の死に責任あるスターリンのエイジェントのチトーに引き渡すべきではない人物と言う具合に評価が修正された。米英は、パヴェリチ逮捕から手を引いた。

一九四八年のスターリンによる国際共産主義運動からのチトー破門が一年早かったら、どうなっていたことだろうか。

パヴェリチは、ジェノアからイタリア客船に乗船し、南米のブエノス・アイレスへ出航した。ハンガリー生まれのパブロ・アラニョスの名前で、技師として国際赤十字パスポートを保持していた。一九四七年一一月六日にヴエノス・アイレスに到着した。彼の以前の閣僚達やウスタシャ党員達が大勢待っていた。アルゼンチン大統領ペロンと妻エヴィタは、パヴェリチを双手をひろげて受け容れ、ウスタシャ活動を支援した。ペロン大統領は、ニュールンベルグ裁判を人類の未来にとって恥ずべき、恐るべき教訓である、と深く確信していた。(〔16〕八六～九一頁)

パヴェリチは、その後活動の本拠をフランコ総統のスペインに移し、そこで天寿を全うする。戦後に彼が南北新大陸と西欧にまいたウスタシャ運動の種子は、一九九〇年代にクロアチアとBiHで新ウスタシャに全面開花したと言って良かろう。自分達の大親分の戦争犯罪が北米西欧によってかくも寛大かつ大目に見られた事を肌で知って、新ウスタシャ達は、欧米リベラルの目を九〇年代においても余り気にせずに、自分達の目的＝純粋なクロアチア人国家の実現へ突進できたはずである。

ズビグニェフ・ブレジンスキ

社会主義ユーゴスラヴィア末期の大統領ライフ・ディズダレヴィチ（B・i・Hのムスリム人、一九八八年五月十五日－一九八九年五月十五日在職）は、一九九九年に彼が出版した著書『チトーの死から』でまことに重要な記録を暴露した。スウェーデンの町ウプサラで第一一回社会学者大会が一九七八年八月十三日から十九日まで全世界から五〇〇〇人余の社会学者が結集して開催された。その大会直前に、アメリカ大統領安全保障問題補佐官ズビグニェフ・ブレジンスキは、あるホテルの一室で限定された数のアメリカ人大会参加者にアメリカの世界戦略に関して講義した。その中に対ユーゴスラヴィア政策の変更が論じられていた。クロアチア社会主義共和国内務省の公安部は、その情報を入手して、ベオクラードの連邦中枢へ報告していた。以下私の旧著より再録する。

ディズダレヴィチの『チトーの死から』とヴィリチ／トドロヴィチの『ユーゴスラヴィアの解体』に依拠して、ブレジンスキがレクチャーしたアメリカの対ユーゴスラヴィア戦略を整理しておこう。

(1) ソ連に抵抗する力としてユーゴスラヴィアの中央集権勢力を支援するが、同時に共産主義の「天敵」である分離主義的・民族主義的諸勢力すべてに援助を与える。ソ連におけるロシア人とウクライナ人、ユーゴスラヴィアにおけるセルビア人とクロアチア人、チェコスロヴァキアにおけるチェコ人とスロバヴァキア人の間の緊張と不和が物語るように、民族主義は、共産主義より強力である。

(2) ユーゴスラヴィアにおける反共産主義闘争においてマスメディア、映画製作、翻訳活動など文化的・イデオロギー領域に浸透すべきである。

(3) 共産主義的平等主義に反対する闘争においてユーゴスラヴィアにおける「消費者メンタリティ」を一層刺激する必要がある。

(4) ユーゴスラヴィアの対外債務増大は、将来、経済的・政治的圧力手段として用いることが出来る。それ故、ヨーロッパ共同体諸国の対ユーゴスラヴィア新規信用供与は続けられるべきである。債権者にとっては一時的にマイナスであっても、それは、経済的・政治的諸措置によって容易に補償される。

(5) ユーゴスラヴィアの様々な異論派グループをソ連やチェコスロヴァキアの場合と同じやり方でシステマティックに支援すべきであり、彼等の存在と活動を世界に広く知らせるべきである。必ずしも、彼等が反共産主義的である必要はなく、むしろ「プラクシス派」（チトー体制を左から批判していたユーゴスラヴィアのマルクス主義哲学者グループ。岩田）のような「人間主義者」の方が良い。この支援活動でアムネスティ・インターナショナルのような国際組織を活用すべきである。

(6) Xデイ（チトーの死）の後に、ユーゴスラヴィアの「軟化」（傍点は岩田）に向けて、組織的に取り組むべきである。民族間関係が主要ファクターである。ユーゴスラヴィア共産主義者同盟ＳＫＪとユーゴスラヴィア人民軍ＪＮＡがユーゴスラヴィア維持の信頼できるファクターであるのは、チトーが生きている限りである。SKJは、すでに政治的独占を失っているし、JNAは、外敵には強いが、内部からの攻撃には弱い。全人民的防衛体制は、諸刃の剣である。（〔3〕一四二、三頁）

それまでは、ワルシャワ条約機構のソ連・東欧諸国との対抗上、アメリカは、ユーゴスラヴィアを撹乱工作の枠外においていた。今や、ユーゴスラヴィア内外のユーゴスラヴィア共産主義者同盟反対の諸勢力は、リベラル諸派、チェトニク、ウスタシャ、非世俗主義ムスリム人活動家に至るまでアメリカの援助が期待できるようになった。但し、私見によれば、アメリカは、ユーゴスラヴィア全体の脱共産主義化、いわゆる民主化・自由化を狙ったのであって、ヴァティカン、オーストリー、ドイツ南部のカトリック勢力のように、カトリック地域であるクロアチアやスロヴェニアをユーゴスラヴィアから分離独立させることを当初目指していなかった。

XI　ハーグ戦犯法廷の擬公平性

当然とは言え、被告ドゥシコ・タディチのハーグ戦犯法廷への不信は根強い。しかしながら、裁く側は、勿論、無実の者を罪におとしいれる事を自己目的としているわけではない。ICTY判事をつとめた多谷千香子は、「ICTYは、一般市民が背負わされていた、いわれなき民族浄化の責任を真に責任のある戦犯に帰せしめ、歴史の真相を明らかにしたのであって、それは、ＩＣＴＹの功績として挙げることが出来るように思われる。」（〔7〕二五頁）と書く。このような功績がＩＣＴＹにあった事は事実である。だからと言って、それがＩＣＴＹの仕事すべてに妥当するわけではない。

多谷千香子は、ＩＣＴＹの起訴の公平性を自問自答して、次のように書く。

ＩＣＴＹについては、基礎が公平でないという批判がある。ＩＣＴＹは、反セルビア的で、他民族に比べてセルビア人に厳しすぎるだろうか。セルビア人に厳しすぎるという批判は、個々の事件の見方が反セルビア的だという批判と、起訴がセルビア人に偏っているという批判とに分けられる。結論から言えば、そのような批判は当たらない。⑴個々の事件は、審理する過程で、偏向した見方に左右されずに真実を洗い出しているのではないか、というのが裁判を担当した筆者の実感である。つまり、⑵審理の過程で自ずから明らかになったのは、セルビア人は残虐な加害者でモスリム人は高潔な被害者という見方ではなく、一部の政治家や軍人が、自己の権力拡大と蓄財のために、一般市民の恐怖を利用して、民族浄化を煽り拡大したという構造であり、そのような構造は民族間で違いはなく、モスリム人も同じように加害者でもあったという事実である。

（〔7〕七四頁、⑴、⑵と傍点は岩田）

なるほど、⑶起訴された者の数を見る限り、セルビア人が圧倒的に多い。しかし、セルビア人が多く起訴されることになったのは、セルビア人勢力は圧倒的な軍事力を誇っていたため、多く

の加害者を生まざるを得なかったという事実によるところが大きい。（〔7〕七六頁、(3)と傍点は岩田）

(1)「個々の事件は、……偏向した見方に左右されずに真実を洗い出している。……」と言う多谷の見方は、少なくとも「個々の事件」の一つであるタディチ事件に関して百パーセント成立するだろうか。すくなくとも、ハーグ法廷の検事と判事は、タディチ側と同じように偏向した見方にとらわれており、どちらの「偏向」がポリティカリにコレクト「政治的に正しい」として文明社会で採用されただけであるかのように見える。タディチ裁判がハーグ国際法廷の出発点、第一号である事を考えれば、第三者として「真実を洗い出している」と納得し切れない所が私には残る。まことに残念である。

(2)「審理の過程で自ずから明らかになったのは、……一部の政治家や軍人が、自己の権力拡大と蓄財のため……民族浄化を煽り拡大したという構造であり、そのような構造は民族間で違いはなく……。」と言う主張は、多民族戦争勃発以来の私の主張と同じである。問題は、そんなことは「審理の前から分かっていた事で、それが分からなかった人達によって、主としてセルビア人が多く起訴され、多民族戦争の国際的宣伝戦において一方を悪魔視する国際世論形成にＩＣＴＹが大きな役割を果してしまった事にある。審理の過程で真実が後になって判明しても、「覆水盆に戻らず」で、抗争する諸民族間の国際的善悪評価順位はもとに戻らない。ＩＣＴＹの受益者と受損者は、はっきり民族的に分かれている。

より具体的例を出して考えよう。

一九九五年五月一日、クロアチア軍は、クライナ・セルビア人共和国の西スラヴォニア地方を攻撃・制圧した。「稲妻作戦」である。クライナ・セルビア人共和国大統領ミラン・マルティチは、五月二日と三日、オルカン・ロケットで首都ザグレブを報復・攻撃し、市民七人が死亡した。ICTYは、早くも三ヶ月後一九九五年七月二五日にマルティチを戦争法規・慣習の侵犯の罪で起訴した。

一九九五年八月四日、クロアチア軍は、「嵐作戦」を発動し、クライナ・セルビア人共和国の首都クニンをはじめとする町々に砲弾の雨を降らせた。二五万人のセルビア住民が追放され、二千人が死亡した。クライナ・セルビア人共和国は、崩壊した。この作戦の軍事的最高指揮官のクロアチア人三将軍、アンテ・ゴトヴィナ、ムラデン・マルカチ、イヴァン・チェルマクが起訴されたのは、なんと六年後の二〇〇一年であった。

要するに、セルビア人側が戦争犯罪を犯すと、ICTYは、ただちに行動して起訴し、それを通して、政治的・軍事的事態の進行をセルビア人側に不利にならしめる。同時期的「政治」行動である。それに対して、クロアチア人側やムスリム人側が戦争犯罪的行動を犯すと、その行動目的が達成成就されて、行動自体が過去の事件になった時に、犯罪行為の究明のためにのみ起訴する。もはや、同時期的「政治」行動ではなく、一種の「歴史学者」的行動である。両ケース間の社会的・政治的意味の落差は大きい。日本の選挙で自民党の選挙違反は当選議員の任期満了後に摘発され、社会党の選挙違反は開票前の運動期間中に摘発されていたとしたら、そんな司法を公平と言えるだろうか。

(3)「起訴された者の数で見る限り、セルビア人が圧倒的に多い。……圧倒的な軍事力を誇っていたため……。」と言う主張は正しい。しかし、相当にバランスを欠いた主張である。二〇一三年四月一〇日にニューヨークの国連本部においてICTYの活動に関する検討会が国連事務総長幡基文の協力の下に開催された。五〇ヶ国の代表達が参加したが、国家元首はセルビア大統領トミスラヴ・ニコリチ一人であった。彼は、ICTYの公平性欠如を訴え、次のような重要な数値をあげていた。セルビア人が諸他民族に加えた戦争犯罪行為で受けた刑期の合計が一一五〇年に達するのに対して、諸他民族がセルビア人に行なった戦争犯罪で受けた刑期の合計は、五五年にすぎない。(〔17〕四～六頁) これは、私の目から見ても、アンバランスである。

サライェヴォにあるミルサド・トカチャの調査センターが二〇〇七年に公表した数値は、BiH戦争における死者・行方不明者九万七二〇七人で、ボシニャク人(ムスリム人)が65%、セルビア人が25%、クロアチア人が8%である。あと一万人は増える可能性があるとしているが、民族別構成比はそう変化しないだろう。

とすると、1150対55＝230対11≒23対1は、75対25＝3対1からかけ離れている。単純に言えば、ICTYは、セルビア人一人の生命の重みは、他の民族一人の七分の一、ないし八分の一であると計量したことになる。二三分の七は、七分の一と八分の一の中間である。

XII　ハーグ戦犯法廷と日本人

ここで、私は、一日本人として感じる所を述べる。日本もセルビアも欧米近代文明の主催する戦争犯罪法廷で裁判を受けた。

東京裁判の正統性に疑問をいだく保守系・民族系の政治家や知識人は、日本はサンフランシスコ講和条約で東京裁判の判決 judgements を受容しただけであって、東京裁判の正統性を必ずしも承認したわけではない、と論ずる。かかる論説には、有理な面も無理な面もある。無理な面を指摘すれば、例えば、東京国際大学（埼玉県川越市霞ヶ関）のある学生がアメリカで取得して来た諸単位（judements に当る）を東京国際大学がその単位として受容したとしても、東京国際大学がアメリカの大学のシステムの正統性を承認したことを意味しない、と言う屁理屈が通ってしまう。それはともかく、かかる保守愛国の日本政治家がニューヨークの国連の会議に乗り込んで、東京裁判の非正当性・不公平性を弾劾した記録を私は知らない。国内の左派リベラル批判としてぶつぶつ言っているだけらしい。小国セルビアの場合、大統領自身が堂々の弾劾演説を国連の場でぶったのである。EU加盟を切望する国がEUがいやがる事でも理があると信ずれば、国際場裡で公言する。

日本の左派リベラルの知識人や社会運動家にも保守と同根の弱さがある。二〇〇〇年十二月に東京で「女性国際戦犯法廷」なる民衆法廷・市民法廷が開廷され、昭和天皇等に「日本軍性奴隷制」、いわゆる従軍慰安婦の問題で有罪の判決が下されたと言う。「女性法廷」の二人の首席検事の一人は、「旧ユーゴ国際戦犯法廷の現職のジェンダー犯罪特別顧問」であり、「女性法廷」裁判長は、「旧ユーゴ国際戦犯法廷前所長」ガブリエル・カーク・マクドナルド女史である（〔8〕五六頁）。

奇しくも、タディチ裁判の裁判長であった。となると、被告ドゥシコ・タディチの言い分を読んで来た私には、被告昭和天皇の事実と論理を代弁出来る国際的に有能な一流弁護士が「女性法廷」に登場したのか否かが気にかかる。文献〔8〕では裁判長と首席検事のネームバリューを特記しているが、弁護士については一言もない。

何故、昭和天皇と堂々と対決する日本人裁判長が登場せず、ＩＣＴＹと言う国際的「権威」の鎧をまとったのか。故人の昭和天皇を裁判にかけたのと全く同じ理由で、一九四五年三月一〇日に東京下町の無辜な老若男女一〇万人を生きながら焼き殺した米空軍大将故カーチス・ルメイを戦犯被告とする民衆法廷が同じ主催者によって同時に開廷されて然るべきであったろう。その場合、アメリカ市民マクドナルド女史は、裁判長役を引受けたであろうか。

日本の保守愛国者も左派リベラルも「国際」に弱い。前者は「国際」に直言せず、後者は「国際」の力を借りる。このように考えて見れば、ドゥシコ・タディチが日本人であったとしたら、「私は貝になりたい。」とつぶやいて終ったかも知れない。

参考文献

[1] 伊藤芳明著『ボスニアで起きたこと「民族浄化」の現場から』岩波書店、一九九六年九月

[2] 岩田昌征著『ユーゴスラヴィア　衝突する歴史と抗争する文明』ＮＴＴ出版、一九九四年一〇月

[3] 岩田昌征著『二〇世紀崩壊とユーゴスラヴィア戦争　日本異論派の言立て』御茶の水書房、二〇一〇年七月

[4] 佐原徹哉著『ボスニア内戦　グローバリゼーションとカオスの民族化』有志舎、二〇〇八年三月

[5] ジョン・ヘーガン著・本間さおり訳・坪内淳監修『戦争犯罪を裁く(上)』ＮＨＫ出版、二〇一一年五月

[6] 多谷千香子著『「民族浄化」を裁く　旧ユーゴ戦犯法廷の現場から』岩波書店、二〇〇五年一〇月

[7] 多谷千香子著『戦争犯罪と法』岩波書店、二〇〇六年一二月

[8] 松井やより著『「女性国際戦犯法廷」をなぜ開いたか』『情況』、二〇〇一年八・九月号

[9] Zemaljišna Karta sa Nacionalnom Strukturom, Republička Uprava Geodetske i Imovinsko-pravne Poslove, Sarajevo, 1992

[10] Carić Marie-Janine, Geschichte Jugoslawiens im 20. Jahrhundert, C. H. Beck, Munchen, 2010

[11] Dorin Alexander, In Unseren Himmeln Kreuzt der Fremde Gott, Ahriman-Verlag, Freiburg, 2012

[12] Gumzej Jakov, Od Balvana do Daytona, Mato Lovrak, 1997, Zagreb

[13] Imamović Mstafa, Kemal Hrelja, Ekonomski Genocid nad Bosanskim Muslimanima, “OKO” Sarajevo,

1992
[14] Крстанов Жарко С, Злочин без Казне (1991–1997), Гдас Српскч, Бања Лука, 2003
[15] Perić Ivo, Godine Koji će se Pamtiti, Školska Knjiga, Zagreb, 1995
[16] Schiller Ulrich, Njemaćka i "Njezini" Hrvati Od Ustaškog Fašizma do Tudmanovog Nacionalizma, Razlog, Zagreb, 2013
[17] Политика 11. IV. 2013, Београд

タディチと娘達（写真はすべて岩田撮影）

絵を描くタディチ

タディチ夫妻

自宅地下室で裁判資料の前に立つタディチ

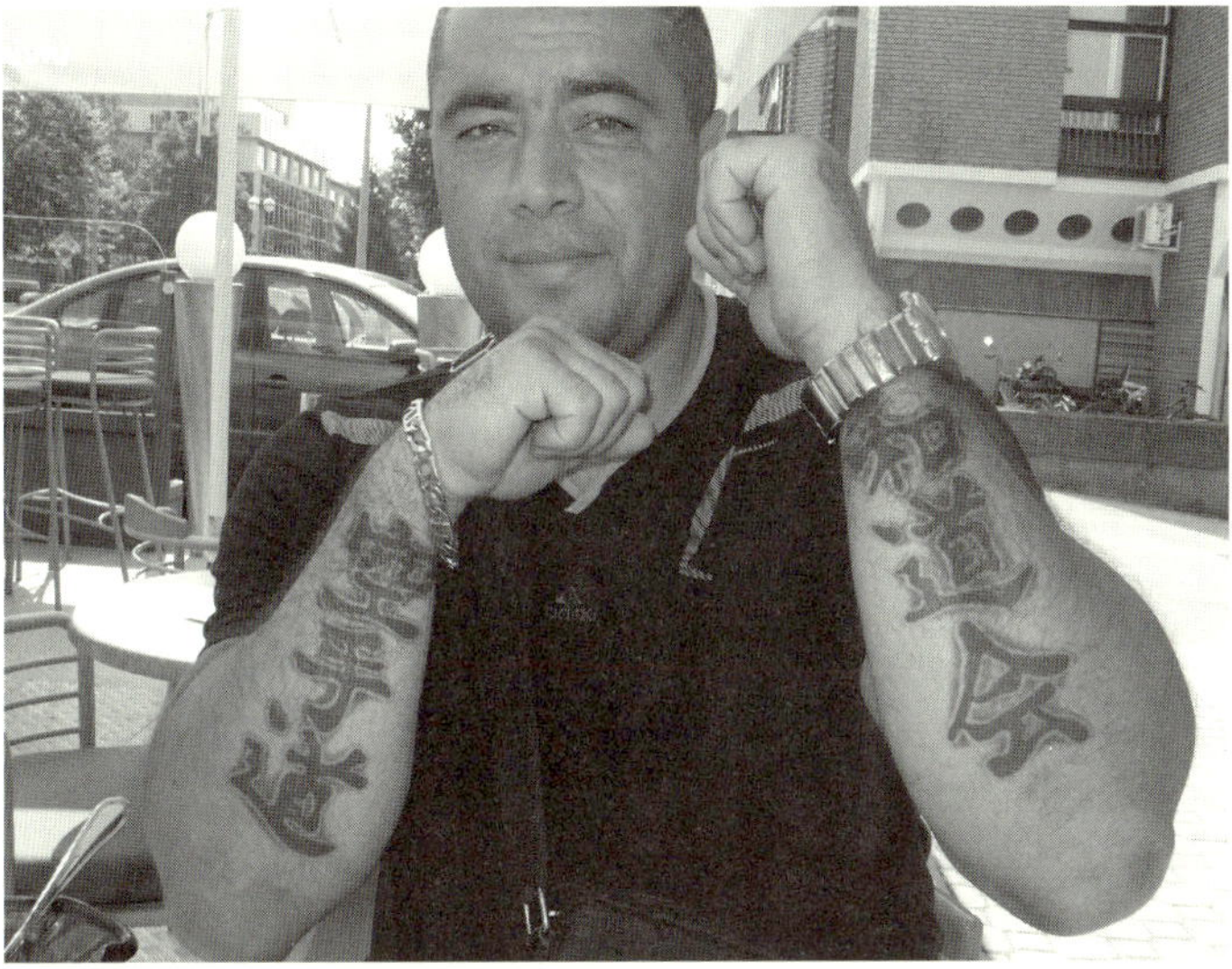

兄の息子

22.「弾丸ははずれた」の 20 年後の事件現場

ドニャ・グラディナ記念公園　処刑された諸民族の数（セルビア人側の推定）

元オマルスカ収容所

エピローグ

著者ドゥシコ・タディチがセルビア共和国ヴォイヴォディナ自治州の一田舎町から突然私に手紙をよこして、『ハーグ囚人第一号の日記』の翻訳出版を頼んで来てから、すでに二年と十ケ月が過ぎた。内容が内容だけに、余り乗り気でない様子の社会評論社の松田健二氏を十ケ月かけて説得して、どうにか出版にこぎつけた。記して多謝。

私が陰ながら尊敬するノンフィクション作家木村元彦氏は、快著『悪者見参　ユーゴスラビアサッカー戦記』（集英社、二〇〇〇年）の「あとがき」冒頭で次のように書く。

セルビア人のことをずっと書きたかった。それゆえにユーゴに三年通（かよ）った。ユーゴスラビア連邦崩壊が始まって以来、この民族に対して国際社会が与えた仕打ちの不公平さはまさに筆舌につくしがたい。国際法廷で、メディアの世界で。検証すればするほど覆い隠されて来た意図的なセルビア叩きの歪んだ事実がいくつも見えてくる。世論はセルビア人だけを鬼か悪魔のように言い募り、もろもろの国際機関は言うに及ばず、日本の平和運動の中ですら、紛争に疲弊したこの民族に対する差別発言はよく見受けられた。（二五一頁）

私の印象では、今日の在特会の「ヘイトスピーチ」が下品なそれであるとすれば、世紀末九〇年代における中道リベラル市民や左派リベラル市民による大量かつ一方的かつ感情的なセルビア難詰は、上品かつ崇高なカテゴリーを駆使した「ヘイトスピーチ」もどきであった。

ここで、九〇年代中半の個人的体験を記しておきたい。

クロアチアのクライナ・セルビア人女学生（ザグレブ大学法学部）が日本に留学していた異母姉夫婦を頼って、東京へ逃げて来た。たった一人の肉親であった祖母がリカ地方の村の実家で九一年一一月にクロアチア兵によって殺害されていた。相談された私は、銀座の印度料理店に招待して、現地の状況を色々とたずねた。「クロアチア人は……。」とか「貴女方セルビア人は……。」とか言った言葉が自然に私の口から出る。すると、会話の途中で私を遮って、「その『セルビア人は……。』をやめて欲しい。私がセルビア人だと知られると、こわい。」と真顔で懇願する。私は、一笑に付して、「ここは日本だよ。この店の給仕達も印度人だ。心配しすぎだよ。」と安心させた。

それからしばらくして、お茶の水の総評会館である文化運動団体主催の集会があって、日本国憲法を大切にする平和運動家達が参加していた。集会が終って、会館前で何人かと立ち話していた時、ある著名な知性的運動家が何かのきっかけで、「セルビア人なんて、国外へ出て来たら片端から摑まえてしまえばよいのだ。」と真顔で高言した。私の心は凍りついた。彼女の不安は、正しかった。

表裏多面の事実団塊に関する知識を欠く崇高な理念は、一種の凶器に化す。

付言しておくと、先の女学生は、九〇年代末ニュージーランドに移住する時、私に読み込んだ英訳日本国憲法を記念にくれて、「大切にして。」と旅立って行った。彼女の実感だろう。私の心は複雑だった。

本書は、いわば『悪者見参』の第二弾、ボスニア・ヘルツェゴヴィナ（BiH）生れの一セルビア人常民の実体験（十有四年余りの拘禁・裁判）から発した第二弾であると言ってよい。日本常民社会にとって、オランダ・デンハーグにある「旧ユーゴ国際刑事裁判所」（ICTY）は、雲上の存在であろう。しかしながら、B・iHの田舎町の喫茶バー店主・空手師範（神道揚心流柔術・和道会空手、私が西新橋の和道会事務局で確認したところ、タディチ等が所属するヨーロッパのWADOKAIとは現在直接の関係がないようだ。）は、「身分」的に自分等と同じく地下の人であろう。本書は雲上人と地下人の間の法廷闘争の真実を地下人の側から見た記録である。日本で知られている「ハーグ戦犯第一号」のイメージは、すべて雲上人の筆によるもの、あるいは、それに依拠する研究者の筆によるものである。私の解題論文「リベラル文明の盲点」「Ⅱ．日本におけるタディチ像」に表現されている通りである。

「戦犯」ドゥシコ・タディチは、自己の無実、冤罪を孤立無援、ただただ家族に支えられて、訴えている。そんなタディチの姿を日本で知る者は、殆どなかろう。

ＩＣＴＹは、戦勝国による敗戦国の戦争犯罪追究の場ではなく、交戦当事者ではない国際共同体の権威の下に旧ユーゴスラヴィア諸方面の戦争犯罪者達を不偏不党的に裁く国際法廷であると自己規定している。それだけに、国際法廷被告第一号の裁判の品質は、益々より深刻に吟味されねばならない。ドゥシコ・タディチの『ハーグ囚人第一号の日記』は、そのための不可避な必読資料であろう。

日本常民社会の私達は、鬼才渡部富哉氏の尽力によって「偽りの冤罪」なる概念と史実をすでに獲得してしまっている(『白鳥事件　偽りの冤罪』同時代社、二〇一二年)。それ故、私は地下人に同情するが故にそれだけで、タディチの主張を盲信せよとは言わない。ただ、今日まで雲上人、あるいは雲上人に近しい学者のタディチ像だけが日本市民社会において盲信されて来たと言う事実を語るだけである。

心ある日本常民の読者諸氏よ、バルカン常民の訴えに耳を傾けて欲しい。

末尾になってしまったが、本書の翻訳・要約のプロセスで現代史研究会主宰者、合澤清氏と緑陽社会長、西兼司氏に大変御世話になった。記して感謝したい。

日本を故郷以上に好きになって、生涯をここで終えた妻美理紗・ミリツァに本書をプレゼントしたい。

ドゥシコ・タディチ：Duško Tadić

1995年10月1日　旧ユーゴスラヴィア、ボスニア・ヘルツェゴヴィナ(BiH)のコザラツに生る。

1993年　ドイツに避難するまで、コザラツで喫茶バー店主、空手師範、コザラツ居住共同体勤務、警察官。

1994年　ドイツのミュンヘンにて逮捕さる。

1995年　オランダ・ハーグのICTYへ移管。

1996年　ハーグ国際法廷裁判開始。

1997年　有罪確定刑期20年。

2008年　出所。BiHへ帰国せず、セルビアへ移る。

2010年　『ハーグ囚人第一号の日記　タディチ事件IT-94-1T』初版刊行。

岩田昌征（いわた　まさゆき）

昭和13年7月2日東京都世田谷区に生る。

東京大学文学部西洋史学科学士、一橋大学社会学研究科修士、経済学博士(一橋大学)。

アジア経済研究所研究員、北海道大学スラブ研究センター教授、千葉大学法経学部・社会文化科学研究科教授、東京国際大学経済学部・経済学研究科教授。

現在、年金市隠、千葉大学名誉教授、セルビア科学芸術アカデミー外国人会員、合澤清主宰現代史研究会顧問。

著書：『比較社会主義経済論』（日本評論社)、『労働者自主管理』（紀伊国屋書店)、『社会主義の経済システム』（新評論)、『現代社会主義の新地平』(日本評論社)、『凡人たちの社会主義』（筑摩書房)、『ユーゴスラヴィア・衝突する歴史と抗争する文明』（NTT出版)、『ユーゴスラヴィア多民族戦争の情報像』（お茶の水書房)、『社会主義崩壊から多民族戦争へ』（お茶の水書房)、『二〇世紀崩壊とユーゴスラヴィア戦争・日本異論派の言立て』（お茶の水書房)。

ハーグ国際法廷のミステリー

2013年11月25日　初版第1刷発行

ドゥシコ・タディチ著／岩田昌征訳・著
装　幀：桑谷速人
発行人：松田健二
発行所：株式会社 社会評論社
東京都文京区本郷2-3-10　☎03(3814)3861　FAX 03(3818)2808
http://www.shahyo.com/
組　版：スマイル企画
印刷・製本：ミツワ